# Кетские сказки

케트인 이야기

<지식을만드는지식 소설선집>은
인류의 유산으로 남을 만한 작품만을 선정합니다.
오랜 시간 그 작품을 연구한 전문가가
정확한 번역, 전문적인 해설, 풍부한 작가 소개, 친절한 주석을
제공하는 고급 소설 선집입니다.

지식을만드는지식 소설선집

시베리아 설화집

# Кетские сказки

케트인 이야기

작자 미상

홍정현 옮김

대한민국, 서울, 지식을만드는지식, 2017

## 편집자 일러두기

- 이 책은 ≪케트족 신화, 전설, 민담(Мифы, предания, сказки кетов)≫(Е. А. Алексеенко, Восточная литература РАН, 2001), ≪케트족 민담집(Кетские сказки)≫(А. П. Дульзон, Издательство Томского университета, 1966)을 원전으로 삼아 옮긴이가 가려 뽑아 번역했습니다.
- 주석은 모두 옮긴이가 단 것입니다.
- 외래어 표기는 현행 한글어문규정의 외래어표기법을 따랐습니다.

# 차 례

# 케트인 이야기

# 곰 이야기

한 남자가 새 썰매를 만들기 위해 매끄러운 나무를 찾으러 숲에 갔다. 가는 도중 그는 아주 좋아 보이는 나무줄기를 발견했다. 그 옆 나무에는 새끼 곰 두 마리가 앉아 있었다. 남자를 보고 깜짝 놀란 어미 곰이 새끼 곰들에게 소리를 지르자 새끼 곰들은 놀라 더 높이 기어 올라갔다. 어미 곰은 울부짖으며 남자에게 다가왔다. 이때 남자는 나무에 폴짝 뛰어올라 꽉 붙들고 있었는데 바로 그 나무가 새끼 곰들도 있던 나무였다. 어미 곰은 나무에 자기 새끼들이 있을 때는 절대 나무뿌리를 피로 물들이지 않는다고 한다. 어미 곰은 공격하는 대신 우선 남자에게 달려들어 옷을 잡아당기기 시작했다. 남자는 나무를 더욱 세게 끌어안았고 성난 어미 곰은 남자에게 침을 뱉기 시작했다. 침을 얼마나 뱉었는지 남자의 몸이 흠뻑 젖을 지경이었다. 남자는 목이 바짝 말랐다. '내가 곧 떨어지면 어미 곰이 나를 잡아먹겠지' 하고 생각하는데 어미 곰이 자리에서 잠시 벗어나더니 다시 나무로 돌아왔다.

이제 남자는 몹시 지쳤고 나무에 매달리느라 땀을 빼 덥기도 했다. 더는 지탱할 힘이 없었다. 아래에서는 개들이 짖어 댔으며 어미 곰은 뒤에 앉아 엿듣는 상황이었다. 곰의 울음소리는 점점 가깝게 들려왔다. 남자가 소리쳐 사람들을 부르자 어미 곰도 새끼들을 부르고 또 불렀다. 그런데 바로 그때 그를 구하러 사람들이 도착했다. 한 남자가 다가와 그에게 물을 먹여 주었다. 그 후 사람들은 집으로 돌아갔지만 개들은 나무를 떠나 집으로 가고 싶어 하지 않았다. 개들은 새끼 곰을 향해 으르렁거리고 짖으며 새끼 곰의 발자국에 코를 킁킁거리고 냄새를 맡았다. 그러자 사람들이 나무로 다시 와 새끼 곰을 내려오게 하고는 집으로 데려갔다. 그 와중에 새끼 곰들은 서로 물어뜯어 상처를 냈다.

새끼 곰 한 마리는 자식이 없는 한 남자가 자기 집으로 데려갔다. 그는 새끼 곰을 아들 대신 정성껏 키웠다. 그가 어찌나 아꼈던지 가족들이 새끼 곰 없이 먼저 식사를 시작하면 새끼 곰이 화를 낼 정도였다.

또 다른 남자도 새끼 곰 한 마리를 데려갔다. 곧 겨울이 왔다. 새끼 곰은 또래 소년들과 함께 뛰어놀 만큼 훌쩍 자랐다. 하루는 곰이 한 소년의 손을 물어 심한 상처를 내는 사건이 일어났다. 소년의 손에서 피가 줄줄 흐르자 분노에 찬 소년의 아버지가 곰을 죽이려 했다. 하지만 소년은 울며 아버지께 간청했다.

"죽이지 마세요!"

아버지는 소년의 청을 들어주었다. 그런데 이튿날 아침 부인이 밖으로 뛰쳐나오며 소리를 질렀다.

"여기 좀 와 보세요, 여기 좀 나와 보세요. 곰이 도망갔어요!"

아버지와 아들도 거리에 뛰쳐나왔다. 사람들은 곰의 목에 묶여 있던 줄을 발견했다. 곰이 줄을 끊고 도망친 것이었다. 소년의 아버지가 투덜댔다.

"곰이 자라서 화가 나더라도 사람은 안 죽일 거야."

그 후 돌아온 겨울은 한창 사냥철이었다. 어느 날 한 사냥꾼이 길을 가다가 다람쥐를 잡을 때였다. 그의 개가 앞으로 먼저 달려가다가 곰 굴을 발견했다. 사냥꾼이 개가 달려간 쪽으로 다가가자 개는 굴 안으로 쏙 들어가 버렸다. 깜짝 놀란 사냥꾼은 곰이 두려워 마을로 도망쳤다. 사흘 후 곰을 잡으러 간 여러 사람들이 함께 어미 곰을 죽였다. 그리고 굴 속으로 들어가자 곧 개가 밖으로 나왔다. 어미 곰은 개를 잡아먹지 않은 것이었다. 나이 든 노인들이 말했다.

"곰은 절대로 자기 굴을 피로 더럽히지 않는다고 하지."

# 예틀의 며느리

예틀은 장성한 외아들과 살고 있었다. 곧 아들이 결혼을 했지만 시집온 며느리가 게을러도 너무나 게을렀다!

본격적인 사냥철이 한창일 무렵 예틀과 아들은 사냥을 하러 떠났다. 사람들도 길 떠날 준비를 하며 썰매에 짐을 싣고 있었다.

그러던 어느 날 길을 나서는 소리에 예틀과 며느리는 잠에서 깼다. 하지만 비몽사몽인 며느리는 다시 잠들어 버렸다. 예틀이 며느리에게 말했다.

"얘야, 일어나라. 길을 떠나야 해. 춤[1]의 지붕도 벌써 해체했단다."

하지만 며느리는 꼼짝도 하지 않고 계속 잠을 잤다.

결국 예틀과 아들만 짐 실은 썰매를 타고 먼저 출발했다. 며느리는 정오가 지나서야 썰매에 짐을 싣고 남편의 썰매를 쫓아 달려왔다. 그러나 남편과 시어머니는 이미 춤을 만들어 놓고 차를 마시고 있었다. 며느리도 뒤늦게 도착해 춤을

---

1) 순록 가죽이나 자작나무 껍질로 덮어 장대를 세워 만든 원뿔형의 우랄 유목민들의 이동식 가옥이다.

세웠다.

예틀은 며느리에게 말했다.

"대체 넌 어떻게 살려는 게냐? 게으른 사람은 못사는 법이다. 네 꼴을 좀 봐라. 웃옷 누더기가 10리는 끌리잖니."

세 사람은 그렇게 겨울을 보냈고 며느리는 항상 다른 사람들보다 늦게 출발했다. 그러던 어느 겨울, 정착지에서 아들이 태어났다. 그럼에도 며느리는 여전히 게을러서 아침마다 예틀이 며느리를 큰 소리로 부를 정도였다.

"애가 울잖니, 젖 좀 물려라!"

남자들이 사냥터에서 돌아오자 사람들은 타이가[2]의 변두리로 이동하려 했다. 썰매가 준비된 후 아침마다 사람들은 짐 썰매에 짐을 쌓았다.

예틀과 아들도 짐을 챙겼다. 며느리는 잠시 눈을 뜨더라도 일어나지 않았다. 예틀은 손주가 누운 요람을 짐 썰매 안에 실었고, 사람들도 화로에 있던 불을 껐다.

마을 정착지에서 가장 덕망 높은 할머니는 예틀이 며느리를 놔두고 가려는 것을 알고 있었다. 그녀는 자작나무 버

2) 북반구의 냉대 기후 지역에 나타나는 침엽수림. 원래는 시베리아에 발달한 침엽수림을 뜻하나, 넓게는 유라시아와 북아메리카 대륙의 북위 50~70도 지역에 분포하는 침엽수림을 이른다.

섯을 모닥불에 밀어 넣었고 이윽고 모두 길을 떠났다.

정오가 지나서 일어난 며느리는 아이가 없어진 것을 알았다.

크게 놀란 며느리는 썰매가 지나간 흔적을 찾아보았지만 벌써 사라져 보이지 않았다. 짐이 모두 사라졌다는 사실을 깨닫고 아궁이에서 불씨를 뒤졌지만 소득이 없었다. 결국 이제껏 가 보지 않은 덕망 높은 할머니가 살던 정착지의 가상 위쪽까지 가서 아궁이를 긁어 보았는데 다행히 불씨가 남아 있었다. 그녀는 불씨를 모닥불로 살려 애지중지하며 다루었다.

그렇게 밤을 보낸 며느리는 아침에 일어나서 얼룩다람쥐 여러 마리를 나뭇가지로 때려잡았고, 다람쥐 가죽을 벗기고 남은 고기로 겨우 끼니를 때웠다.

'살아남아야 하는데. 게으른 삶은 끝내자. 이젠 낡고 찢어진 옷은 기워 입어야지. 그런데 어느 쪽으로 가야 할까?'

그녀는 길을 가다 작은 강의 상류에 도착했고 강을 따라 내려가서 하룻밤을 보냈다. 그다음에는 강기슭으로 내려가 큰 강으로 나갔다.

"통나무 두 개를 묶어야겠다."

그렇게 만든 임시 뗏목에 탄 그녀는 강을 따라 아래로 내려갔다. 그런데 도중에 멀리서 나무가 부지직하는 소리가

났다. 소리가 들려온 위를 올려다보니 곰이 그녀를 향해 내려오고 있는 게 아닌가. 곰은 멈춰 서서 뒷발을 들고 그녀에게 다가왔다. 잽싸게 머리를 굴린 그녀는 허리띠를 풀어 곰의 발밑에 던져 주고는 장대로 밀쳐 냈다.

곰을 피한 여인은 배를 타고 강을 따라 계속 내려갔다. 마침내 강가에 다다랐을 때 자작나무에 비버 한 마리가 앉아 있다가 나무를 타고 올라가는 것을 보았다. "여기 우리 남편이 있었더라면 비버를 죽였을 텐데."

바로 그때 남편이 배를 타고 내려오다가 그녀가 하는 말을 들었다.

"누구와 말하는 거요?"

잠시 머뭇거리다 부인이 말했다.

"혼잣말한 거예요."

"아니오, 누군가와 말하고 있었잖소."

남편은 주장을 굽히지 않았다.

"내게 말해 주시오!"

그녀는 또다시 머뭇거리다 결국 대답했다.

"저기 앞쪽 자작나무에 비버가 있어요."

그러자 남편은 비버를 잡아 그녀에게 가져왔다. 그때 문득 부인을 자세히 보니 전과는 딴판이었다. 심지어 입던 옷도 잘 수선한 상태였다.

"이제 더 이상 게으름 피우지 않겠지?"

"예, 그럼요."

"난 당신을 찾으러 다녀오던 길이오. 어서 배를 타시오!"

그녀는 남편의 배에 탔다.

부부는 함께 춤에 갔다. 남편이 어머니에게 말했다.

"집사람이 혼자 왔더라고요. 이제 정신을 차렸답니다."

완전히 다른 사람이 된 며느리와 아들은 이후 행복하게 살았다고 한다.

# 발나

케트족의 전설적 영웅인 발나는 코세스 강가에서 살고 있었다. 그는 한때 코세스 강에서 수르구티하로 이주해 산 적도 있었는데 그곳에서 유라크족과 퉁구스족을 상대로 전쟁을 치렀다. 케트족과 셀쿠프족이 같은 편이고 퉁구스족과 유라크족이 그들의 적이었다. 퉁구스족과 유라크족은 순록을 소유하고 있었지만 케트족은 순록이 없어 개를 끌고 다녔다. 셀쿠프족도 케트족과 마찬가지로 개가 이동 수단이었다.

처음에는 유라크족이 쳐들어와 발나의 사람들을 죽였다. 그들의 춤은 순록 가죽으로 만들었고 춤 위에는 순록의 털을 덮어 놓았다. 사슴을 죽이면 고기는 먹고 가죽은 춤에 놓기 위해 잘 다듬었다. 이런 식으로 그들은 살아갔다.

다음에는 퉁구스족이 쳐들어왔다. 화살이 없던 발나는 화살 대신 귀룽나무로 만든 꼬챙이로 그들을 모두 물리쳤다. 유라크족도 케트족 마을에서 도망쳤다. 우두머리가 도망치자 나머지 유라크족이 모두 달아나 다시 평화로워진 케트족은 자기들끼리 땅을 나누어 가졌다.

퉁구스인의 대장이 도망치자 벨레긴이 그를 쫓아가 끝내

따라잡았다. 그러나 벨레긴은 무기가 없는 빈손이었다. 퉁구스인 대장은 벨레긴이 자기를 쫓아오는 것을 발견하고는 창으로 찌르려 했다. 그러나 벨레긴은 오히려 창의 손잡이를 잡고 바짝 달라붙었다. 그에 퉁구스인 대장이 땅으로 밀어 찌르려 했으나 이번에도 벨레긴은 창끝을 재빨리 붙잡았다.

그때 발나와 토게타가 뒤에서 달려오며 소리쳤다.

"우리 형제 벨레긴, 그를 꼭 잡게!"

퉁구스인 대장도 발나와 토게타가 뒤에서 자신을 쫓아오는 것을 보았다. 그들이 다시 소리를 질렀다.

"벨레긴, 우리 형제여, 꼭 붙잡고 있게!"

결국 벨레긴이 퉁구스인 대장에게서 창을 빼앗자 그는 도망가기 시작했다. 벨레긴은 높이 뛰어올라 창으로 그의 혈관을 정통으로 찔렀다. 발나와 토게타도 가세해 그를 죽였다.

그 후 이 형제들은 퉁구스인의 부인들이 머무는 곳으로 길을 떠났다. 사람들은 죽이고 순록은 집으로 몰아 데리고 왔으며 한 퉁구스 여인을 벨레긴의 부인으로 삼게 했다.

그때부터 벨레긴은 퉁구스 여인과 살기 시작했다. 케트족과 치른 전쟁에서 참혹한 결과를 얻은 퉁구스인들은 케트족과 휴전에 합의하고 평화를 유지하기로 했다. 벨레긴은 퉁구스인의 마을로 가서 그들과 함께 살기 시작했고 그의 형제들은 이곳에 남았다.

퉁구스인들과 살게 된 벨레긴은 매일 그들과 싸워야만 했다. 퉁구스인들은 땅에 패대기치기도 하고 사소한 것으로 힘들게도 했지만 절대 죽이지는 못했다.

한번은 발나와 토게타가 벨레긴의 집에 초대받았다. 도착해 보니 퉁구스인들이 벨레긴을 얼마나 괴롭혔는지 그는 병이 들어 시름시름 앓고 있었다. 그의 퉁구스 부인에게는 아직 아이가 없었지만 케트 부인에게는 아이가 둘 있었다. 퉁구스 부인이 사슴고기를 삶으며 음식을 준비할 때 퉁구스인들은 길목에 매복하고 발나와 토게타를 기다리고 있었다. 형제들이 식사하는 동안 벨레긴은 퉁구스인들과 싸우면서 땅에 짓눌린 등이 너무 아파 불가에 등을 대고 데웠다.

형제들이 집으로 돌아가야 할 시간이 되었다. 케트 부인이 그들에게 말했다.

"오던 길 말고 다른 길로 돌아서 가세요. 비켜 돌아서 가세요! 사람들이 매복해 당신들을 기다리고 있거든요!"

그러자 퉁구스 부인이 말했다.

"저희 부족은 절대로 당신들을 털끝 하나도 건드리지 않을 거예요, 모두들 사냥하러 갔거든요!"

형제들은 퉁구스 여인의 말을 믿고 케트 부인의 말은 무시했다. 그들은 자기들이 다니던 길로 되돌아갔다. 퉁구스인들은 길목에 서서 그들을 기다리고 있었다.

토게타가 앞서가고 있었다. 퉁구스인이 화살을 꺼내 토게타를 향해 쏘자 그의 귀에 명중했다. 토게타는 옆으로 쓰러졌다. 발나도 복부를 맞고 그 곁에 쓰러졌다.

한 퉁구스인이 제안했다.

"자, 저자들의 심장을 먹자!"

다른 사람이 반대했다.

"그들의 피를 땅으로 보내면 우리가 물의 정령을 화나게 하는 것이오. 어쨌든 용감하고 힘센 사람들이었잖소![3]! 우리 집에 있는 벨레긴의 심장을 먼저 먹는 것이 좋겠소!"

그러자 다른 퉁구스인들도 덩달아 벨레긴의 집으로 향했다.

"비록 이 사람들이 강하긴 했어도 우리가 이 자들을 물리치지 않았소!"

그들이 벨레긴의 춤에 도착하여 집을 향해 활을 쏘았다.

한편 토게타가 심한 부상을 당한 발나에게 물었다.

---

3) 비록 적일지라도 용감한 사람이 죽으면 그의 피를 땅에 쏟지 않은 상태로 먼저 정령들에게 제물로 바친 후 심장을 먹는 의식을 행했다. 퉁구스인들은 이 의식을 밤에 거행할 수 없었기에 아침까지 미루었음을 말한다.

"친구, 너는 어디에 맞았지?"

발나가 대답했다.

"나는 배에 맞았어."

그러고는 물었다.

"자네는 어디에 맞았지?"

"화살이 내 귀에 명중했어."

발나가 토게타에게 말했다.

"퉁구스 부인의 감언이설에 설득당하는 게 아니었어. 이 못된 퉁구스 놈이 내 복부를 쏘다니!"

토게타는 이끼가 낀 나뭇가지를 부러뜨려 불을 지폈다. 상처 난 살점을 떼더니 그것을 구워 발나에게 먹으라고 주었다. 그러고는 자신의 머리카락을 몇 개 잡아당겨 뽑은 다음 그것으로 발나의 상처를 꿰맸고 스키에 태워 집으로 끌고 갔다. 얼마간 주술이 계속되었다.

발나의 부인은 발나의 갑옷을 입고 그의 투구도 쓰고 활과 화살까지 준비한 채로 퉁구스인들을 기다렸다. 곧 퉁구스인들은 두 사람의 심장을 먹기 위해 케트족 마을로 떠났다. 그들은 피투성이가 된 두 사람의 발자국을 따라 계속 걸었다. 발나의 부인은 그들을 기다리고 있었다. 퉁구스인들이 도착했을 때 춤 안에서는 여전히 주술이 한창이었다. 대신 밖에 서 있던 발나와 토게타의 부인들이 그들을 맞이했다. 드디어 퉁구스인과 케트 여인들 간의 몸싸움이 시작되었다. 싸움은 한참 동안 이어졌다. 그러다가 발나가 부인에게 말했다.

"춤으로 들어오시오!"

그녀가 춤으로 들어가자 발나는 자신의 갑옷과 투구를 돌려받아 전투 복장을 갖추고 나가 귀룽나무 꼬챙이를 집어 들었다.

"이걸로 충분하오. 여자와 싸우다니 당신들은 창피하지도 않았소!"

그는 귀룽나무 꼬챙이로 퉁구스인들과 싸웠다. 얼마 지나지 않아 마침내 발나가 적을 모두 물리쳤다.

발나와 토게타는 마을을 나섰다. 퉁구스인들 역시 다른 곳으로 이동한 후였다. 퉁구스인들은 벨레긴을 죽이고 그의 심장을 꺼내 먹었으며 부인은 죽이지 않고 풀어 주었다. 그녀는 춤에 혼자 남게 되었다. 벨레긴의 퉁구스 부인은 퉁구스인들이 데려갔다.

발나와 토게타는 퉁구스인들을 쫓아갔다. 발나와 토게타는 나무를 뾰족하게 만들어 살아남은 벨레긴의 퉁구스 부인을 그루터기에 놓고 조롱한 후 그녀의 코를 베었다. 그런 다음 벨레긴의 부인이 홀로 남아 있는 춤에 갔다. 그녀는 울며 말했다.

"애들 아빠를 죽이고 제 아이들은 퉁구스 여자가 데려갔어요!"

발나와 토게타는 그녀를 자신들의 춤으로 데려갔다. 그들은 마을로 돌아와서 함께 살았다.

# 실레케

실레케의 아버지는 마을의 우두머리였다. 실레케에게는 형이 하나 있었다. 형은 유라크인들이 쳐들어와 전쟁을 하는 도중 아버지와 함께 죽고 말았다. 그들이 전쟁을 치르는 동안 실레케의 형수는 실레케를 숲으로 데려가 그루터기 안쪽에 숨겨 놓았다.

"여기 있어요. 밖으로 나오면 절대 안 돼요!"

유라크인들은 케트인들을 닥치는 대로 죽였지만 실레케의 어머니는 한 유라크 남자가 신붓감으로 삼기 위해 데려갔다. 실레케의 형수와 할아버지는 무사했다. 대다수 유라크인들은 죽이려 했으나 몇몇 사람이 살려 주자고 말한 까닭이었다.

유라크인들은 도끼와 칼을 가져가려고 모두 모았다.[4]

"그런데 실레케는 어디 있지?" 유라크인들이 물었다.

할아버지와 형수가 대답했다.

"당신들이 죽였겠죠."

---

4) 당시 케트족의 철공 기술은 예니세이강 북쪽에서 높이 평가받았다고 한다.

그에 유라크인들은 마을을 떠났다. 다음 날 유라크인들이 다시 와서 실레케를 찾으려 곳곳을 수색해 보았지만 실레케는 없었다. 잠시 돌아간 유라크인들은 세 번이나 와서 실레케를 샅샅이 찾아보았지만 결국 헛수고였다.

"당신들이 죽였잖아요!"

실레케의 형수가 말했다.

그러자 유라크인들은 완전히 철수했다. 형수는 숲에 가서 실레케를 데려왔다. 그때부터 실레케, 할아버지, 형수 세 사람이 함께 살았다.

어느 날 실레케가 형수에게 물었다.

"저는 정말 아버지가 없이 태어난 겁니까? 어머니도 없이 태어난 거고요?"

"어떻게 아버지가 없이 아이가 태어날 수 있고, 어머니도 없는데 아이가 태어날 수 있겠어요?"

그는 잠시 침묵을 지키다 혼잣말을 했다.

"형수가 나를 속이는구나."

얼마 후 그는 다시 형수에게 물었다.

"형수님, 제가 아버지 없이 태어난 건가요?"

"사람이 어찌 아버지 없이 태어날 수 있겠어요?"

"형수님, 그럼 저는 진짜 어머니 없이 태어난 겁니까?"

그는 반복되는 질문으로 그녀가 더 이상 참지 못하게 만들었다.

"진짜, 사람을 화나게 만드네요! 시아버지와 내 남편은 전사하신 거랍니다!"

그는 충격으로 침묵을 지키다가 무언가 결심하고 말했다.

"형수님, 저를 위해 활을 만들어 주세요!"

형수는 그에게 평범한 활과 화살을 간신히 만들어 주었다. 그는 밖으로 나가 시험해 보려다 활을 망가뜨렸고, 다시 춤으로 들어가 말했다.

"형수님, 저에게 활을 만들어 주세요!"

"이미 만들어 줬는데 어디서 잃어버린 거예요?"

"제가 망가뜨렸어요."

"그럼 할아버지께 만들어 달라고 하세요!"

그는 할아버지 옆에 가서 앉아 말했다.

"할아버지, 제게 활을 만들어 주세요. 활요!"

할아버지는 활을 만들기 위해 낙엽송의 휜 부분을 베어 집으로 가져왔다. 그리고 숲으로 가서 활의 휜 부분을 만들기 위해 자작나무도 베어 반으로 잘랐다. 할아버지는 손자를 위해 활과 화살 한 대를 만들어 주었다. 실레케는 밖으로 나와 활을 당겼지만 또 망가뜨렸고, 다시 춤으로 들어갔다.

"할아버지, 활 좀 만들어 주세요!"

그러자 할아버지가 말했다.

"내가 만들어 줬잖니, 대체 어디다 둔 게냐?"

"제가 망가뜨렸어요."

"다시 만들어 주세요! 만들어 주세요!"

실레케는 계속 부탁하고 또 부탁했다.

할아버지가 마침내 입을 열었다.

"이놈의 실레케가 내 인내를 시험하는구나!"

그리고 손자며느리에게 말했다.

"나무를 해 오너라!"

손자며느리는 나무를 해 왔다. 노인은 석탄을 태웠고, 실레케의 형수는 진흙을 가져와 반죽을 했다. 할아버지는 용해로를 만들어 철을 제련한 후 마침내 철 활과 끝이 갈라진 화살을 만들어 실레케에게 건넸다.

"자, 또 망가지는지 시험해 보아라. 설마 이번에도 망가질까?"

실레케가 밖으로 나와 활을 당겨 보니 이번에는 망가지지 않았다. 그는 할아버지의 춤으로 돌아왔다.

"그래, 네 활이 망가지더냐?"

"아니요, 제게 꼭 맞아요."

실레케는 형수의 춤으로 가 곁에 앉았다.

"형수님, 아버지의 갑옷을 주세요!"

하지만 형수는 주지 않았다.

"도련님은 아직 어려요."

그래도 실레케는 집요하게 요청했고, 또다시 형수를 화나게 만들었다.

"도련님이 저를 너무 괴롭히네요! 조심하세요. 유라크인들이 죽일지도 몰라요!"

"저를 죽이지 못할 거예요. 그러니 아버지 갑옷을 가져다주세요!"

그녀는 가서 시아버지의 갑옷을 몽땅 가져다주었다. 그가 갑옷을 입자 몸에 꼭 맞았다.

"형수님, 물 좀 길어다 주세요!"

형수가 물을 길어 오자 그는 물을 쏟아 버렸다.

"형수님, 물 좀 한 번 더 길어다 주세요!"

형수는 다시 다녀왔고 그는 다시 물을 쏟았다.

"맙소사, 도련님이 제 인내심을 잃게 만드네요! 제가 겨우 길어 왔더니 물을 쏟다니요!"

"이제는 안 비울게요!"

형수가 물을 길어 오자 그는 그것을 다 마시고 떠날 채비를 했다. 아버지의 화살과 전쟁용 화살도 챙겼다. 할아버지는 그를 붙잡고 못 가게 막았으며 형수는 울었다. 그래도 실레케는 길을 떠나려 했고, 할아버지와 형수는 그를 저지했다. 할아버지가 그의 외투자락 끄트머리를 붙잡고 형수도 붙잡자 외투의 절반이 찢어졌다.

결국 할아버지와 형수를 뿌리친 실레케는 떠나면서 뒤를 한 번도 돌아보지 않았다. 강을 따라 아래로, 수목이 없는 땅으로 내려가 툰드라로 향했다. 그곳에서 도끼를 내리치는 소리가 들려 그쪽으로 다가갔다. 가서 보니 한 여인이 앞에서 나무를 하고 있었다. 그녀에게 다가가 어깨에 놓인 그녀의 도끼를 붙잡았다. 그녀가 돌아보자 실레케가 있는 게 아닌가!

"실레케, 여긴 어떻게 오셨어요? 우리 아버지는 힘이 센 용사예요, 당신을 죽이고 말 거예요!"

"그가 나를 죽이든, 내가 그를 죽이든 둘 중 하나일 거요."

그는 그녀를 위해 장작을 팼다.

"순록 썰매에 나무를 싣고 집으로 가시오. 가서 바늘꽂이를 찾아 여기로 오시오.[5]"

그녀는 그가 시키는 대로 장작을 싣고 순록 썰매를 타고 집으로 갔고, 춤에서 바늘꽂이를 품에 넣고 실레케에게 돌아왔다. 딸이 사라진 것을 안 유라크인 아버지가 말했다.

"내 딸이 어디 갔지? 아마 실레케가 왔나 보군!"

---

5) 케트족 신부는 시집을 갈 때 바늘꽂이에 탯줄을 기워 가져가는 풍속이 있다. 바늘꽂이를 가져왔다는 것은 결혼이 성사되었다는 의미다.

그는 자기 부대를 보냈다.

"가서 실레케의 머리를 화살 한 대로 명중시켜라!"

실레케가 그녀에게 말했다.

"첫눈이 내릴 때는 일어나지 마시오. 두 번째 눈이 내리면 그때 일어서시오!"[6]

그녀는 길에서 벗어나 나무 뒤에 몸을 숨겼다. 실레케가 앞을 보니 유라크인들이 이미 오고 있었다. 그들이 아주 가까이 다가오자 그는 바로 끝이 갈라진 화살을 쏘아 유라크인들을 모두 한 방에 죽였다. 그리고 여인에게 갔다.

집에 남아 있던 유라크인들은 실레케를 죽이러 간 사람들을 기다렸지만 아무도 돌아오지 않았다. 그러자 분노한 유라크인 용사가 마지막 부대를 보냈다.

"이놈의 실레케가 내 사람들을 모조리 죽였다. 가서 한 방에 그놈의 목을 날려 버려라!"

유라크인 군사들이 출발했다. 그때 실레케가 여인에게 다가가 말했다.

"두 번째 눈이 오면 그때 일어나시오!"

그가 앞을 보니 마침 유라크 대장의 부하들이 오고 있었다. 실레케는 와이자형 화살을 쏘아 모두를 죽였다.

---

6) 시간의 경과를 특징적으로 묘사한 은유다.

유라크 용사가 아무리 기다려도 부하들은 돌아오지 않았다. 결국 그 혼자 남은 것이었다.

"실레케가 내 사람 모두를 죽였군. 이제 내가 그놈을 잡으러 가겠다!"

유라크 용사는 실레케를 찾아 나섰고 마침내 두 사람이 마주했다.

"자, 한번 겨루자!"

둘은 활을 쏘고 또 쏘았지만 실력이 비등비등해서 서로를 죽일 수 없었다. 실레케의 눈동자에서는 화살이 별처럼 반짝거릴 지경이었다. 실레케의 갑옷 절반은 부서졌고, 유라크 용사의 갑옷 절반도 부서졌다. 바로 그때 실레케는 유라크 용사의 급소 위의 단추가 풀려 있는 것을 발견했다. 실레케는 그곳에 자신의 화살을 쏘았다. 유라크 용사가 "으악, 으악!" 소리를 지르며 자빠졌다. 실레케 역시 의식을 잃고 쓰러졌다.

그때 피의 여신[7]이 하늘에서 내려와 실레케의 머리에서 이를 찾자 그가 정신을 차렸다.

"왜 제 머리에서 이를 찾으신 거죠? 제가 머리에 이 있는

---

7) 피의 여신은 전쟁을 예견하는 신이다. 피의 여신이 이를 찾는 행위는 죽은 사람의 영혼을 저승으로 데려가는 것으로 보인다.

사람을 알려 드리죠. 바로 저기 죽은 사람이오. 가서 저 사람 머리에서 찾으세요!"

그 말에 그녀는 유라크 용사에게 가서 그의 머리에 앉아 이를 찾기 시작했다. 그리고 실레케가 돌아가자 그의 부인은 그제야 일어났다. 그리고 두 사람은 허기진 배를 채웠다.

"자 이제 당신 춤으로 갑시다!"

유라크인들의 춤에서 실레케는 노인과 여인을 모조리 죽였다. 자신의 어머니 역시 죽였는데 그녀가 이렇게 말했기 때문이다. "나는 건드리지 마라, 내 잘못이 아니라 유라크인들이 나를 끌고 왔단다." 그렇지만 그는 그녀를 죽이고 말았다.

실레케는 순록을 한곳으로 몰았다. 그의 부인은 유라크인들의 소유물을 한가득 모은 후 순록 썰매에 싣고 출발했다. 그는 뒤에서 순록을 몰았다. 그의 부인은 그의 할아버지와 형수의 집에 도착하자 고삐를 맨 후 춤으로 들어갔다. 실레케의 형수와 할아버지는 유라크인들이 왔다고 생각해 깜짝 놀랐다. 그때 실레케가 밖에서 소리를 질렀다.

"여보, 왜 순록을 안 묶은 게요?"

춤으로 들어온 실레케가 자기 부인을 껴안으며 키스하자 할아버지도 실레케를 안으며 입을 맞추었다.

## 여우

어느 날 여우 한 마리가 어슬렁거리며 돌아다니다 나무에 앉아 있는 들꿩을 발견하고는 물었다.

"이봐, 꿩 양반, 거기서 뭐 해? 뭘 먹고 있는 거야?"

"잣을 쪼아 먹고 있지."

"그럼 잠은 어떻게 자는데?"

"밤이 되면 나무 위에서 자지."

여우는 의아했다.

"왜 나무 위에서 자? 땅 아래로 내려와 눈 위에서 자야지."

그래도 들꿩은 여우 말을 듣지 않고 계속 나무 꼭대기에 앉아 있었다.

여우는 들꿩이 탐나서 나무 주위를 뱅뱅 돌며 입맛을 다셨다.

그때 들꿩이 말했다.

"저기 좀 봐, 사람이 개랑 같이 지나가네."

"어, 그렇구나. 들꿩 양반, 그럼 잘 있어."

여우는 곧바로 도망쳤다.

들꿩은 나무에 그대로 앉아서 잠을 청했다.

여우는 한참 가다가 사람들을 만났다.

사람들이 사시나무 줄기로 만든 배를 타고 강을 건너가려 하자 여우가 강가를 따라 그들을 쫓아갔다.

한참 쫓아가다 여우가 물었다.

"나는 왜 배에 태워 주지 않는 거요? 어차피 당신들을 쫓아갈 텐데. 배 앞자리에 앉게 자리 하나만 내줘요."

그 말에 사람들은 여우를 태웠고, 배 앞자리에 자리를 하나 내주었다.

그렇게 한참을 가다가 여우가 말했다.

"강가에 좀 앉아야겠어요. 모래사장을 찾아서 누가 더 멀리 뛰나 한번 내기해요."

여우는 이렇게 말하면서 속으로는 나쁜 생각을 하고 있었다. 강기슭이 보이고 구렁텅이와 늪이 보였다.

여우가 말했다.

"저기까지 뛰는 거예요. 단 한 번에 뛰어야 해요."

사람들은 모두 동의했다. 강가에 이르자 배를 옆으로 대고 뛰기 시작했다.

여우는 몸을 숙이고 코를 높이 치세우며 자신이 말한 장소까지 뛰어갔다.

그러나 사람들은 어깨까지 오는 늪에 빠지고 말았다. 여우는 사람들이 속은 것에 기뻐하며 뛰어가서 사람들의 귀와 코를 물어뜯었다.

그러고 나서 배로 다시 뛰어올랐다. 쭉 배를 타고 가다 강가에 이르렀다.

배에서 말린 생선을 발견한 여우가 강변에 앉아 생선을 뜯어 먹고 있을 때였다.

갑자기 나뭇가지들이 꺾이는 소리가 들리더니 곰 한 마리가 걸어왔다.

"네가 여긴 어떻게 왔지? 여우야, 너는 거기서 뭐 하는 거야?"

"나 말인가요? 강을 건너서 왔지요. 잠수를 두 번 해서 생선을 두 더미나 구해 왔어요."

"어디 맛 좀 보게 생선 좀 줘 봐!"

여우는 작은 조각 하나를 곰에게 던져 주고는 옆으로 슬금슬금 피하며 계속 생선을 먹었다. 곰이 맛을 보더니 말했다.

"정말이네. 맛이 아주 좋은걸!"

그러고는 여우에게 부탁했다.

"조금만 더 줘!"

여우가 말했다.

"직접 물에 들어가 잡으세요!"

그러자 곰이 물었다.

"잠수는 어떻게 하고 또 어떻게 밖으로 나와?"

여우가 말했다.

"그 털가죽을 벗어서 물에 떠내려가지 않게 저 멀리 두고 다녀오면 된답니다."

곰은 여우 말을 듣고는 털가죽을 벗어서 모래에 더럽혀지지 않도록 멀리 갖다 두었다. 그리고 여우에게 물었다.

"그런데 여우 넌 어떻게 잠수를 했니?"

그러자 여우가 대답했다.

"물속 깊이깊이 잠수했지요. 저 강바닥까지 말이에요."

곰은 물고기를 찾으러 바닥 깊이까지 들어갔다. 여우는 계속해서 소리쳤다.

"자, 똑바로 가라고요. 잘 찾아봐요!"

물고기를 찾지 못한 곰은 물 밖으로 머리를 내밀며 말했다.

"아무것도 없는데, 도대체 어디에 있다는 거야?"

"다시 들어가 봐요, 그리고 똑바로 가지 말고 비스듬히 가 보세요!"

여우가 말했다.

곰이 다시 바닥 깊이 내려간 사이 여우는 곰의 털가죽을 낚아채서 기름진 부위를 죄다 먹어 치우고 있었고, 먹던 마른 생선은 버렸다.

잠시 후 수면 위로 머리를 내민 곰은 여우가 자기 가죽을 갉아 먹고 있는 것을 보았다. 곰은 서둘러 다시 헤엄쳐서 돌아왔다. 그러나 도착했을 때엔 이미 여우가 곰의 가죽을 모두 먹어 치우고 가시덤불숲으로 도망친 후였다. 곰은 몹시 화가 나서 여우를 쫓아갔다. 여우는 가시덤불숲으로 계속 도망 다녔고 곰도 멈추지 않고 뒤쫓았다. 그러나 가시들이 자꾸 벌거벗은 몸을 찔러 대자 곰은 결국 쓰러지고 말았다.

여우는 곰을 마저 잡아먹으려고 되돌아왔다. 그만큼 여우는 교활했다. 그런데 들꿩에게만은 이 교활함이 통하지 않았다. 여우는 덫에도 잘 걸리지 않았다! 덫 주변만 계속 맴돌고 막상 덫에는 걸리지 않는 것이었다. 그래서 여우는 아직까지도 들꿩을 사냥하러 돌아다닌다고 한다. 그러나 아무리 잡으려고 뛰어 봐도 여우 발 사이에는 들꿩의 꼬리만 남을 뿐이었다.

## 우세시

옛날 옛적에 이로호트 할아버지가 할머니, 두 딸과 함께 살고 있었다. 큰딸의 이름은 콜마삼이었다. 어느 날 강추위가 찾아왔는데 시간이 갈수록 그 강도가 더욱 거세졌다. 한마디로 혹한이 찾아온 것이었다.

한편 이로호트 할아버지네 집에서 멀지 않은 곳에 도시[8]가 살고 있었다. 강추위가 닥치자 헐벗은 도시는 추위에 떨었고 몸이 얼기 시작했다. 도시가 암토끼에게 말했다.

"이로호트 할아버지네 다녀오렴. 가서 언제 날이 따뜻해질지 물어보고."

암토끼는 깡충 뛰어 이로호트 할아버지네 춤으로 뛰어 들어갔다.

"할머니, 언제 따뜻해질까요? 도시가 얼어 죽을 것 같대요."

할머니가 암토끼에게 대답했다.

"도시에게 전해라. 내 개구리 가죽으로 만든 상자가 어

---

8) 자작나무 통이나 기둥으로 만든 인간 형상의 조각이다. 뾰족하거나 대충 조각한 머리를 갖고 있고 길이는 0.5미터에서 5미터에 달한다.

디에 있는지 나에게 말해 달라고 말이다."

암토끼는 또다시 깡충깡충 뛰어가다가 문턱에 걸리는 바람에 할머니의 말을 그만 잊어버리고 말았다. 암토끼가 춤으로 뛰어 들어오자 도시가 물었다.

"할머니가 뭐라고 말하시던?"

"잊어버렸어."

도시는 또다시 떨며 밤을 보냈다. 그 밤은 더욱 추웠다. 다음 날 도시는 암토끼를 다시 할머니에게 보냈다. 암토끼가 깡충깡충 뛰어 할머니의 춤에 들어갔다.

"할머니, 도시가 지금 거의 얼어 죽어 가요. 할머니더러 언제 추위가 지나갈지 물어보라고 저한테 명령했어요."

할머니가 대답했다.

"내가 지난번에 벌써 얘기해 주었잖니. 개구리 가죽으로 만든 내 상자를 찾으라고 말이다."

암토끼는 깡충깡충 뛰며 할머니의 말을 크게 따라했다.

"개구리 가죽으로 만든 상자, 개구리 가죽으로 만든 상자."

문지방으로 다가가면서도 반복했다.

"개구리 가죽으로 만든 상자!"

그때 도시가 안에서 암토끼가 말하는 소리를 들었다. 토끼는 문으로 뛰어들다가 또다시 문지방에 걸리고 말았다.

"나 또 잊어버렸어."

도시가 암토끼에게 상기시켜 주었다.

"네가 밖에서 뛰어 들어오면서 말했잖아. 할머니가 개구리 상자를 언급했다고 말이야."

"맞아, 맞아. 할머니가 그렇게 말했어. 너희들이 개구리 상자를 찾으라고 말씀하셨어."

도시는 황급히 개구리 상자를 찾아다가 암토끼에게 주었다.

"자, 여기 있어. 할머니에게 이걸 가져다줘."

그렇지만 여전히 강한 추위가 계속되어 도시는 얼어 가고 있었다. 이로호트 할머니가 말했다.

"영감, 아무래도 더위의 신 우세시가 하늘에서 우리에게 결혼을 허락해 달라고 부탁하려나 봐요."

이로호트 할아버지가 말했다.

"그러면 우리 딸을 줍시다."

노부부가 합의를 보자 바로 그날 밤부터 날이 풀리더니 땀까지 쏟을 지경이 되었다.

이로호트 할아버지가 할머니에게 물었다.

"할멈이 벌써 소변을 본 것은 아니오?"

할머니가 대답했다.

"당신이 보셨잖아요."

노부부는 일어나 불을 지폈다. 그러다가 할머니가 다시 물었다.

"영감, 딸 앞에 놓여 있는 이 큰 솥[9]은 뭐지요?"

노부부는 한참 생각하다 콜마삼에게 말했다.

"얘야, 솥에 들어가 앉아라!"

콜마삼이 들어가 앉자 보이지 않는 누군가가 그녀를 들어 올렸다.

"어머나, 제가 올라가고 있어요. 올라간다고요!"

그렇게 한참을 올라간 콜마삼은 작은 나무가 무더기로 자라고 있는 강의 곶에 있는 하늘의 첫 번째 고리에서 내렸다.

"아! 우리의 여인이 오셨다. 우리 여인이 오셨어!"

천상의 사람들이 기뻐하며 말했다.

그러나 콜마삼은 강가에서 오리나무 지팡이로 그들을 호되게 때렸다.

그녀는 같은 방식으로 계속 올라가다가 다음 곶에서 내렸다. 작은 사람들[10]이 말했다.

"와! 우리의 여인이 오셨다!"

---

9) 많은 선물이 들어 있는 솥은 청혼의 징표다.

10) 거대한 강기슭에 자라는 나무들의 정령을 말한다.

하지만 콜마삼은 이번에도 그들을 오리나무 지팡이로 때렸고, 그들은 온통 피를 흘리며 하늘로 도망쳤다. 이어서 콜마삼은 천상의 세 번째 고리에 있는 강의 곳으로 갔다. 작은 나무들이 무성한 숲이 있었다. 작은 사람들이 말했다.

"와! 우리의 여인이 오셨다!"

그러나 그녀는 또다시 오리나무 지팡이로 그들을 내리쳤고, 이전과 같은 방식으로 네 번째 고리에 도착했다.

"우리 여인이 올라오시네, 우리 여인이 올라오셨어!"

그녀는 강가에 있는 그들도 역시 오리나무 지팡이로 때렸다. 또다시 그녀는 하늘로 올라갔고, 이번에는 다섯 번째 곳에 다다랐다. 그곳에는 작은 나무숲이 있었다.

"아, 우리 여인이 올라오셨다."

아이들처럼 작은 사람들이 말했다.

그녀는 그들도 오리나무 지팡이로 때리고 계속 여정을 이어 갔다. 여섯 번째 곳에 도착했다.

"우리 여인이 올라오시네, 우리 여인이 올라오셨어!"

그녀는 이 사람들 역시 오리나무 지팡이로 때린 후 계속 올라갔다. 곧 일곱 번째 곳에 도착하자 콜마삼을 솥에 태워 데리고 올라간 우세시의 조수이며 천상의 신인 예트가 솥을 들고 더위의 신의 춤에 들어가 입구에 내려놓았다. 가운데 자리에는 우세시가 앉아 다리를 앞으로 쭉 뻗은 채였다. 콜마삼이 그의 다리에 앉자 그는 다리를 자기 몸 쪽으로 끌어 당긴 후 잠시 다시 뻗어 제자리로 돌아갔다.[11] 멀리에 놓여 있던 두 가지 음식을 거두어[12] 바닥에 내려놓고 솥에서 고기를 꺼냈다.

"가져가시오. 고기가 든 이 냄비를 우리 부모님께 가져다주시오."

그런데 콜마삼이 냄비를 들고 밖으로 나와 여기저기를 둘러보았지만 그 어떤 춤도 보이지 않았다! 그녀가 어느 한 방향으로 걸어간 후 몸을 돌렸더니 보이지 않는 춤의 굴뚝을 통해 아래로 쏙 들어가 기둥에 걸려 버렸다. 아무리 애를 써도 천상의 일곱 개의 태양과 달은 그녀를 바짝 말려 버렸다.

이로호트 할아버지네는 또다시 추워지더니 그 강도가 점점 더 심해졌다. 갑작스러운 한파가 몰아친 지 사흘째, 노부부는 무슨 일이 일어났는지 알아차렸다.

---

11) 뻗은 다리를 딛고 넘게 허락하는 것은 혼인에 대한 동의를 의미한다. 우세시가 자기 자리로 움직여 갔다는 것은 결혼한 남자의 자리로 갔음을 뜻한다.

12) 나무나 뿔로 만든 음식은 춤의 주인의 자리인 입구에서 가까운 곳에 보관했다.

"아마도 우리 딸 콜마삼이 하늘에서 뭔가 안 좋은 일을 벌였나 봐요."

밤이 되자 더욱 추워졌다. 노인들의 춤 구석구석에 고드름이 생겼고, 아침에 노인들이 일어났을 때는 불을 피우기도 어려웠다.

"할멈, 이제 우리도 완전히 얼어 죽게 생겼구먼!"

할머니가 대답했다.

"영감, 우세시가 우리 둘째 딸을 원하나 봐요. 딸을 줘야 할 것 같아요."

할아버지가 말했다.

"우리가 뭘 할 수 있겠소, 딸을 줘야지."

노부부는 저녁 즈음 잠자리에 들었다. 밤이 되자 벌써 따뜻해지기 시작했다! 할아버지가 할머니에게 말했다.

"우리 둘 다 땀에 젖었군."

할머니는 신이 나 소리를 질렀다.

"영감, 우리가 진짜 흠뻑 젖었네요."

노부부가 일어나 보니 춤 앞쪽에 솥이 있었다. 할머니가 말했다.

"봐요, 영감. 하늘에서 솥이 내려왔어요."

노부부는 딸에게 말했다.

"자, 솥에 들어가 앉아라!"

할머니는 딸에게 포르싸[13]가 든 자루를 건넸다.

"가져가거라. 가는 길에 일곱 개의 곶에서 작은 천상의 사람들이 너에게 다가갈 것이야. 그들에게 적당한 양을 던져 주어라."

노부부의 둘째 딸은 언니와 같은 방식으로 올라갔고, 도중에 곶이 나타났다.

"오! 우리의 여인이 오신다! 올라오신다!" 작은 사람들이 말했다.

딸은 자루에서 포르싸를 꺼내 던졌다. 그러자 그들이 말했다.

"이분은 좋은 아주머니시다."

딸은 점점 더 높이 올라가더니 일곱 번째 고리까지 도착했다. 이미 그녀의 춤이 만들어져 있었다. 그녀는 솥을 들고 춤에 들어가 문지방에 솥을 내려놓았다. 중간 자리에는 남자가 다리를 앞으로 쭉 뻗은 채 앉아 있었다. 딸은 그를 바라보며 말했다.

"다리를 치우고, 앞으로 움직이세요!"

그녀가 솥에서 나와 조금 앞으로 움직였다. 우세시는 음식이 담긴 그릇을 두 개 가져와 솥에서 고기를 꺼냈다. 딸이

---

13) 가루처럼 빻아 말린 훈제 생선이다.

잠자코 지켜보다가 물었다.

"당신은 왜 음식을 두 그릇에 담으세요?[14] 이곳에는 아무도 살고 있지 않은데요."

그러자 그가 그릇을 들고 말했다.

"자, 부모님께 가져다드리시오!"

그녀가 눈물을 흘리며 말했다.

"밖에는 어떤 춤도 없단 말입니다!"

그러나 그는 재차 말했다.

"그릇을 부모님께 갖다드려요!"

그녀는 그릇을 들고 나가 밖에 서 있으면서 눈물을 계속 흘렸다. 그런데 여기저기를 둘러보니 옆에 있는 춤에서 불빛이 비치는 것이 아닌가!

그녀는 기뻐하며 그곳으로 가서 입구를 찾은 후 안으로 살금살금 들어가 불가에 솥을 내려놓았다.

노부부는 앉아 있었는데 머리가 벌써 노랗게 변한 상태였다. 그들은 딸이 온 것을 크게 기뻐했다. 그러나 딸은 다시 돌아가 우세시와 밤을 보냈다. 아침 식사 후 우세시는 구석에서 순록 가죽을 꺼냈다.

"이것으로 나를 위해 벙어리장갑을 만드시오!"

---

14) 연장자, 즉 부모님의 몫을 의미한다.

그녀가 대답했다.

"장갑을 만들어 본 적이 한 번도 없는데요."

그가 말했다.

"나를 위해 장갑을 만드시오!"[15)]

땅에 있는 그녀의 부모님은 따뜻하게 지내고 있었다. 우세시가 사냥을 간 후 딸은 생각에 잠겼다. '내가 이 구겨진 가죽으로 무엇을 할 수 있을까'[16)]

바로 그때 그녀에게 좋은 생각이 떠올랐다. '이 가죽을 시어머니에게 가져가야겠다! 시어머니께서는 어떻게 해야 할지 알려 주실 거야.' 그녀는 가죽을 가지고 맞은편의 시어머니 춤으로 들어가 시어머니 곁에 앉았다.

"어머니, 이 가죽으로 어떻게 장갑을 만들어요? 제가 아직 장갑을 만들 줄 몰라서요."

시어머니가 대답했다.

"이리 주거라!"

시어머니는 가죽을 받아 자기 쪽으로 가져갔다.

"내 머리에 있는 이를 찾아보아라." 시어머니가 말했다.

며느리는 이를 잡기 시작했다.

---

15) 실제로 혼기의 처녀는 바느질을 할 수 있어야 했다.

16) 아직 가공 전이라 장갑을 만들 준비가 되지 않은 가죽을 말한다.

한동안 며느리가 이를 찾자 시어머니는 다른 쪽 머리도 그녀에게 들이밀었다. 며느리는 조금 더 찾은 후 말했다.

"이제 충분해요, 어머니. 저는 집에 가 볼게요. 곧 남편이 사냥에서 돌아오거든요."

시어머니가 밑에서 완성된 장갑을 꺼내자 며느리는 잠자코 장갑을 가져갔다. 장갑은 정말로 금세 만들어졌다! 시어머니가 말했다.

"얘야, 네 남편에게 내가 만들어 줬다고 절대 말하지 말거라!"

둘째 딸이 자기 춤으로 돌아오자 잠시 후 우세시도 돌아왔다. 그가 둘러보니 덮개 밑에 있는 널빤지 가까이의 자기 자리에 새 벙어리장갑이 걸려 있었다. 그들은 다시 밤을 보냈다. 아침이 되자 남편은 장갑을 끼고 끝을 잡아당겨 보았다. 장갑이 아주 좋아 보였다.

"이 장갑은 우리 어머니가 만드신 것 같은데?"

부인은 아무 말도 하지 않았다. 우세시는 순록 가죽을 벗겼다.

"이번에는 내 외투를 만들어 보시오!"

그러고는 또 사냥을 떠났다. 둘째 딸은 다시 생각에 잠겼다.

'내가 어떻게 외투를 만들지? 어떻게 외투를 만들 수 있

을까? 그래, 내게는 시어머니가 계시지!'

그녀는 다시 시부모의 춤에 갔다.

"어머니, 어떻게 외투를 만들어야 할지 도무지 모르겠어요."

시어머니가 대답했다.

"내게 가죽을 다오!"

시어머니는 또 가죽을 자기 쪽으로 가져가며 말했다.

"너는 내가 외투를 만드는 동안 내 머리에서 이를 잡아라!"

며느리가 잠시 이를 찾자 조금 후 시어머니가 머리를 돌렸다. 며느리는 다른 쪽 머리에서 이를 찾다가 말을 꺼냈다.

"이만하면 충분해요, 어머니. 곧 어두워지겠어요."

시어머니는 일어나 외투를 꺼내 며느리에게 건네주었다.

"내가 외투를 만들었다는 소리는 절대 하지 말거라!"

며느리는 집으로 향했다. 곧 우세시가 사냥에서 돌아왔고, 둘은 다시 밤을 보냈다. 아침에 일어난 우세시는 외투를 주의 깊게 살펴보았다.

"이번에도 우리 어머니 솜씨 같은데!"

부인이 그의 말을 반박했다.

"정말로 당신 어머니 혼자 이 일을 하실 수 있을까요?"

그렇게 우세시의 시험에 통과한 둘째 딸은 우세시와 함께 살게 되었다. 덕분에 땅에 있는 이로호트 노부부도 마치 영원히 여름만 있는 것처럼 따뜻하게 살 수 있었다.

우세시에 관한 이 이야기는 이렇게 끝난다. 하느님이 내가 이 이야기를 발설했다고 벌을 내리시지 않기를 바란다.

# 반그셀

이다하트 노인이 살고 있었다. 그의 아들은 결혼해 부인과 함께 아이 하나를 키우고 있었다. 하루는 노인이 아들에게 말했다.

"아들아! 배를 만들러 가자!"

그들은 길을 나서서 사시나무를 베었고, 어느새 배 한 척을 뚝딱 만들어 냈다.

노인이 아들에게 말했다.

"이왕 시작한 김에 한 척 더 만들자! 나무에 누워 보렴. 네 키를 재어 보자꾸나!"

그러고는 아들이 나무 위에 눕자마자 목을 베어 죽였다. 배 만들기를 마친 후에는 배를 물가로 밀어 보냈다. 죽은 아들은 나중에 만든 배에 눕히고 본인은 처음에 만든 배에 탔다. 노인은 아들의 배를 자신의 배 뒤에 묶은 채 길을 떠났다.

이 사실을 알게 된 며느리 반그셀은 시아버지의 뒤를 쫓고자 했다.

반그셀이 시아버지의 자취를 찾아가던 중 춤 한 채를 발견했다. 안으로 들어가자 한 노파가 앉아 있었다.

"할머니, 제게 주술을 행해 주세요. 제 시아버지께서 남편을 데리고 어디론가 사라졌거든요."

노파는 날카로운 가시 하나로 만든 낚싯바늘을 꺼낸 다음 삼치 부레로 만든 주머니에 기름을[17] 부으며 말했다.

"자, 나중에 배가 고플 수 있으니 이걸 먹도록 해라."

노파는 그녀를 위해 소리가 잘 나도록 샤먼의 방울을 태운 후 주술을 행해 주었다.

반그셀이 그 춤에서 나가 곧 다른 춤에 도착하자 그곳에도 노파가 앉아 있었다.

"할머니, 제게 주술을 행해 주세요! 시아버지께서 제 남편을 어디론가 데려갔거든요."

노파는 날카로운 가시 두 개로 만든 낚싯바늘과 기름이 든 삼치 주머니를 그녀에게 주었다. 그리고 그녀를 위해 방울 두 개를 태웠다.

잠시 후 세 번째 춤에 도착한 반그셀은 혼자 있는 노파에게 인사를 했다.

"할머니, 저에게 주술을 행해 주세요!"

노파는 그녀에게 날카로운 가시 세 개로 만든 낚싯바늘

---

17) 케트족은 겨울철 먼 길을 떠날 때 시장기를 때우기 위해 기름 주머니를 준비했다.

과 기름이 든 삼치 주머니를 그녀에게 주고 그녀를 위해 방울 세 개를 불에 태웠다.

반그셀이 그곳에서 나와 네 번째 춤에 들르니 역시 노파가 있었다.

"할머니, 제게 주술을 행해 주세요!"

노파는 날카로운 가시 네 개로 만든 낚싯바늘과 삼치 주머니를 주고 네 개의 방울을 태웠다.

반그셀이 나왔다. 춤이 또 한 채 있었다. 들어가니 노파가 보였다.

"할머니, 제게 주술을 행해 주세요!"

노파는 날카로운 가시 다섯 개의 낚싯바늘과 삼치 주머니를 꺼내 그녀에게 주었다. 그리고 다섯 개의 방울을 준비해 태웠다. 그녀가 나가자 노파는 노래를 부르며 주술을 시작했다.

또 하나의 춤이 있어 들어가니 노파가 있었다. 노파는 여섯 개의 방울을 준비했다.

"할머니, 주술을 행해 주세요!"

노파가 여섯 개 가시의 낚싯바늘을 주고 여섯 개 방울을 태웠다. 노파가 주술을 시작하자 그녀는 그곳을 떠났다. 또 다시 한 채의 춤을 발견해 반그셀이 안으로 들어가 노파에게 부탁했다.

"할머니, 제게 주술을 행해 주세요!"

노파는 일곱 개의 방울을 준비했고 일곱 가시의 낚싯바늘과 삼치 주머니도 주었으며 방울을 태웠다. 노파가 말했다.

"얘야, 일곱 번째 곶까지 가라. 영감이 근처에서 배를 타고 있을 게다. 영감을 발견하면 곶에서 낚싯대를 던져 죽은 네 남편에게 걸어 잡아당겨라."

그 순간 반그셀의 시아버지는 노파의 말대로 노를 젓고 있었다. 반그셀은 노파의 집에서 나온 후 첫 번째 곶에 앉아 가시 한 개로 만든 낚싯바늘을 던졌다. 영감이 노를 한 번 흔들자 낚싯줄이 끊어졌다. 반그셀은 두 번째 곶에 앉아 낚싯바늘이 두 개인 낚싯대를 던졌다. 영감이 노를 두 번 흔들자 또다시 낚싯줄이 끊어졌다. 반그셀은 세 번째 곶에 앉아 가시가 세 개인 낚싯바늘을 던졌다. 노인이 노를 세 번 흔들어 대니 낚싯줄이 끊어졌다. 반그셀이 네 번째 곶에 앉아 가시가 네 개인 낚싯바늘을 던지자 영감은 다시 노를 네 번 흔들었고 낚싯줄이 끊어졌다. 반그셀은 다섯 번째 곶에 앉아 다섯 개의 가시로 만든 낚싯바늘을 던졌다. 노인이 다섯 번 노를 흔들어 대니 낚싯줄이 끊어졌다.

반그셀은 눈 깜짝할 사이에 다음 곶으로 넘어갔다. 여섯 번째 곶에 앉아 여섯 개 가시로 만든 낚싯바늘을 던졌다. 노인은 여섯 번 노를 흔들더니 낚싯줄을 끊었다. 반그셀은 다음 곳으로 곧바로 넘어갔다. 마침내 일곱 번째 곳에 앉아 일곱 개 가시로 만든 낚싯바늘을 던지자 고리는 죽은 남편에게 걸렸고, 이에 남편이 누워 있던 배의 밧줄도 끊어졌다.

노인이 뭐라고 중얼대는 소리로 남편이 탄 배가 분리된 것을 알게 되었다. 반그셀이 남편을 배에서 꺼낸 후 흐느껴 울자 그녀의 눈물이 누워 있던 남편의 귀에 떨어졌다. 그러자 남편이 다시 살아나더니 정신을 차리려 애를 썼다.

"아, 아, 내가 곤히 잠을 잤나 보군. 누가 나를 깨운 거지?"

"여보, 제 말을 믿어 주세요. 제가 없었더라면 아버님이 당신을 죽였을 거예요."

그들은 왔던 길을 되돌아갔다. 방울 일곱 개를 가지고 있던 노파의 집에 도착했다. 노파는 계속 주술을 행하고 있었다.

"할머니, 이제 그만하시고 앉으세요. 제가 남편을 구했어요!"

남편은 방울 일곱을 만들어 노파 주위에 걸어놓았다. 노파가 방울을 치며 소리를 냈다.

"예전 방울은 나쁜 것이었는데 지금 것은 아주 좋구나!"

두 사람은 다음으로 방울 여섯을 가진 노파에게 도착했

다. 그녀의 방울은 이미 망가져 있었다.

"할머니, 진정하세요. 제 남편이 살아났어요."

남편은 노파에게 방울 여섯 개를 만들어 주었다.

노파가 방울을 내리쳤다.

"예전 방울은 나쁜 것이었으나 이제는 좋은 것이구나!"

두 사람은 길을 떠나 방울 다섯 개를 갖고 있던 노파에게 도착했다. 그녀의 방울 역시 고장 나고 말았다.

"할머니, 진정하세요. 제 남편이 살아났어요."

남편은 노파에게 방울 다섯을 만들어 주었다.

노파가 방울을 내리쳤다.

"예전 방울은 나쁜 것이었으나 이제는 좋은 것이구나!"

두 사람은 길을 나서서 방울 넷을 가진 노파에게 도착했다.

"할머니, 진정하세요. 제 남편이 살아났어요."

남편은 노파에게 방울 넷을 만들어 주었다.

노파가 방울을 내리쳤다.

"예전 방울은 나쁜 것이었으나, 이제는 좋은 것이구나!"

두 사람은 길을 나서서 방울 셋을 가진 노파에게 도착했다.

"할머니, 진정하세요. 제 남편이 살아났어요."

남편은 방울 셋을 만들어 주었다.

노파가 방울을 내리쳤다.

"예전 방울은 나쁜 것이었으나 이제는 좋은 것이구나!"

두 사람은 길을 떠나서 방울 둘을 가진 노파의 춤에 도착했다.

"할머니, 진정하세요. 제 남편이 살아났어요."

남편은 노파에게 방울 둘을 만들어 주었다.

노파가 방울을 내리쳤다.

"예전 방울은 나쁜 것이었으나 이제는 좋은 것이구나!"

마지막으로 두 사람은 방울 하나를 가진 노파에게 도착했다. 얼마나 오랫동안 주술을 행했던지 노파의 목소리는 잠시 떨리더니 결국 목이 쉬고 말았다.

"할머니, 진정하세요. 제 남편이 살아났어요."

남편은 노파에게 방울 하나를 만들어 주었다.

노파가 방울을 내리쳤다.

"예전 방울은 나쁜 것이었으나, 이제는 좋은 것이구나!"

그들은 집을 향해 걷고 또 걸어 마침내 도착했다. 예전에 보잘것없었던 그들의 춤이 좋은 기운이 들어와서인지 멋진 춤으로 바뀌어 있었다. 그때부터는 모두들 편안하고 행복하게 살게 되었다고 한다.

# 올기트

옛날부터 전해 오는 한 남자에 대한 이야기가 있다.

"올기트는 훌륭한 무사였단다. 유라크인들과 전쟁을 치를 때마다 항상 승리를 거두었지. 우리 부족을 침략한 유라크 부대를 전멸시켰거든."

당시 한번 전쟁이 시작되면 오랫동안 지속되었기 때문에 올기트는 세월 가는 줄 모르고 전투를 치렀다.

"아이고. 내가 전쟁에 너무 오래 빠져 있다 보니 시간이 많이 흘렀네. 나도 이제 장가를 가야 할 텐데."

곧 결혼을 했지만 그는 또다시 유라크인들의 적인 셀쿠프인들과 몇 년에 걸쳐 싸웠다. 그러던 중 그의 아내는 그에게 두 아이를 선물했고, 아이들은 자라 혼자 걸어서 이웃집에 놀러 다닐 수 있는 나이가 되었다.

어느 날 올기트가 부인에게 말했다.

"여보, 이상하게 내 배가 뒤틀리는 것 같소."

"제가 보기엔 당신이 이제는 사람들의 피에 넌더리가 난 것 같아요."

"아니오, 부인. 난 고향에 가고 싶소. 우리 부모님은 남쪽 어딘가에 사셨지. 나도 내 고향 땅으로 가겠소."

"남쪽 땅은 끝이 없대요, 그러니까 그곳에 발을 붙이기도 전에 저희는 죽고 말 거예요."

"아니오, 부인. 우린 가야만 하오."

하룻밤을 보낸 후 다음 날 아침 그들은 옷가지를 대충 챙기고 사슴을 데리고서 긴 여행을 떠났다. 어느 정도 길을 나섰을 즈음 가을이 되었다. 멀리 가면 갈수록 눈이 내리더니 이제는 발이 더 깊숙이 쑥쑥 빠졌다. 잠시 눈을 붙이고 나면 아침이 되어 또다시 길을 나섰다.

아주 심한 폭설이 내린 어느 날, 사슴의 먹이를 구할 수 없게 되자 부인이 말했다.

"우리 여기서 겨울을 보내요."

"아니오. 우리 부모님이 계신 고향까지 계속 갑시다."

여정을 이어 가자 마침내 사슴이 쓰러졌다. 그들은 계속해서 예니세이 강의 오른쪽 높은 기슭을 따라 퉁구스 강 쪽으로 걸어갔다. 눈은 발이 푹 빠질 만큼 왔고 눈보라가 몰아쳤으며 결국 갖고 있던 음식도 동나고 말았다.

부인이 물었다.

"이제 어디로 갈 건가요?"

올기트가 대답했다.

"퉁구스 강의 왼쪽 기슭으로 가 봅시다."

하지만 더 이상 살아남을 방법이 없다는 것을 알게 된 올기트가 말했다.

"아아! 여보, 이제 여기서 죽음을 맞이합시다."

부인의 눈에서 눈물이 흐르자 아이들도 울었다.

"이 산 쪽으로 강물을 따라 내 땋은 머리를[18] 놓으면 그 위로 내 머리카락 끝은 돌이 많은 곳이 되어 비켜날 것이다. 내 후손들은 이곳에 살던 옛사람이 암석이 되었다고들 말하겠지. 이제 내 이름은 멜니코프이고 난 여울의 신이 될 것이다. 내 후손들이 내 평평한 옷[19]을 지나 내려가면서 우리를 위해 기도하겠지.[20] 저편 붉은 암석 근처에는 내 아이들의 눈물이 꽁꽁 얼 것이다. 어미가 울면 그 눈물이 파도가 되어 기슭을 덮을 것이다. 아이들은 이 붉은 암석 근처의 작은 야산이 될 것이다. 후손들은 여울로 내려가 우리를 바라보며 여인에게서 여울이 생겼고 그녀 역시 암석이 되었다고 하겠지. 신의 명령에 따라 여울이 생겨난 것이라고 말할 것이다."

---

18) 케트족 남녀는 결혼 전까지 머리를 한쪽 갈래로 땋아 새끼줄로 장식했다.

19) 잔잔한 시냇가를 의미한다.

20) 케트족은 여울의 주인에게 인사 올리는 풍습이 있었다. 그들은 여울 근처에 멈추어 주인에게 위험한 곳을 무사히 지나가게 부탁하며 음식, 구슬이나 담배를 물에 던졌다.

그러자 그의 말대로 올기트는 암석이 되어 더는 말을 이을 수가 없었다.

## 알바와 호샤담

옛날 옛적 하늘에 훌륭한 노인이 살고 있었다고 한다. 그는 위대한 정령이었으며 하늘의 별, 강의 물고기, 타이가의 동물, 공중의 새와 육지의 사람 들을 비롯한 온 세상을 통치하고 있었다. 그의 이름은 예시였다.

그의 집은 세상에서 일어나는 모든 일을 볼 수 있는, 사방이 유리로 된 춤이었다.

그의 부인인 호샤담은 작고 마른 할머니였다. 그녀는 매사에 불만으로 가득 차 투덜거리며 욕하기를 즐겼다. 이건 아니고 저것도 마음에 안 든다며 불평을 늘어놓았다. 이렇게 하루가 멀다 하고 싸우던 어느 날, 화가 난 예시는 호샤담을 부하들과 함께 땅으로 내쫓아 버렸다.

호샤담은 땅에 있는 모든 악한 정령의 우두머리가 되었다. 그녀가 부하 한 명을 인간에게 보내면 그 사람에게는 반드시 불행이 닥쳤다. 그녀가 직접 갈 경우에는 사람이 죽거나 역병으로 사슴이 몰살되거나 짐승이 타이가로 도망치고 강의 물고기가 사라지는 등 그보다 더한 일들이 일어났다.

호샤담은 부하들과 일흔일곱 개의 섬이 있는 큰 강가의 큰 산기슭에서 살고 있었다.

거대한 용사 알바가 태어날 때까지 호샤담은 인간을 괴롭히며 살았다.

알바는 자라서는 느릅나무로 만든 배를 타고 강을 돌아다녔고 물고기를 갈고리로 잡았으며, 강을 건너 순록과 큰 사슴을 사냥하기 시작했다.

어느 날 알바는 대체 언제까지 호샤담이 인간을 죽이는 것을 보고만 있을 것인지 생각했다. 그리고 호샤담을 당장 찾아 전쟁을 치러야겠다고 결심했다.

알바는 느릅나무 배를 타고 일흔일곱 개의 섬이 있는 큰 강가의 큰 산기슭에 갔다.

호샤담의 부하인 무시무시한 괴물 여섯이 빽빽한 덤불숲에서 그를 향해 달려들었다. 하지만 알바가 당황하지 않고 종려나무를 흔들어 대자 바람 부는 소리만 휙휙 나더니 괴물의 목에서 머리가 떨어져 나갔다.

호샤담의 부하를 물리친 알바는 생각에 잠겼다. '괴물이 여섯이었다. 대체 호샤담은 어디에 있는 걸까? 그녀가 분명 일곱 번째일 텐데. 그녀가 사는 춤으로 가야겠다.' 그때 멀리 기슭 바로 옆 모래사장에 뭔가 반짝거리는 것이 보였다. 알바가 그 자리에서 땅을 파자 작은 모캐[21]가 나왔다. 몸을

21) 대구과의 민물고기. 몸의 길이는 1미터 정도이고 길고 굵으며, 머리

돌돌 만 모캐는 가엾은 눈으로 알바를 쳐다보았다. 모캐가 불쌍해진 알바는 해초가 더 많은 강에 놓아주기 위해 배로 향했고, 그 배를 타고 나갔다.

알바는 호샤담이 모캐로 변신한 것을 알 턱이 없었다.

갑자기 산에서 괴이한 음악 소리가 들렸다. 어떤 잘생긴 사람이 현이 일곱 개인 악기를 연주하자 타이가도 산도 파도도 노래 부르는 것 같았다. 알바는 이번에도 호샤담이 애지중지하는 아들 추우티프가 연주하는 것이라는 사실을 알아채지 못했다.

알바가 신기한 음악에 정신이 팔린 사이 모캐는 강에 뛰어들어 진흙 속에 몸을 숨겼다. 진흙 속에서 모습이 보이지 않는 그녀의 목소리만 들려왔다.

"알바야, 네가 내 부하들을 죽였지만 나에게는 자비를 베풀어 주었으니 고맙구나!"

"아이쿠!"

호샤담을 놓친 것을 안 알바는 화가 치밀었다. 그는 배에 뛰어올라 철로 만든 화살을 들어 올려 추우티프의 머리를 명중시켰다. 호샤담 아들의 머리가 관목으로 날아가 떨어졌고 암석은 그의 피로 뒤덮였다. 그때부터 예니세이 강의

---

만이 약간 앞으로 납작하다.

오시노프 여울가 계곡은 붉은빛을 띠게 되었다고 한다.

알바가 갈고리를 잡아 호샤담의 목소리가 들린 강으로 던지자, 호샤담은 치명적인 부상을 입고 북쪽으로 달아났다. 그녀는 알바가 큰 강을 가로질러 오는 길을 막기 위해 돌로 만든 순록을 풀었다. 그러나 돌 순록은 알바의 공격을 이겨 내지 못했다. 알바가 호샤담의 돌을 깨부수자 돌들은 물속에 잠긴 채 남아 있었다. 그 돌은 물 위에 등만 보이는 바위가 되어 불쑥 솟아 있게 되었다.

호샤담은 물속으로 들어가 큰 산기슭으로 헤엄쳐 갔고, 땅을 파 알바에게서 계속 도망쳤다. 그러나 알바는 곧 그녀를 따라잡아 종려나무로 바위들을 부쉈다.

또다시 호샤담이 땅속에서 서쪽으로 달아나자 이번에도 알바는 바위를 깨뜨렸다. 그러자 그곳에는 개울을 따라 물이 흐르게 되었고, 이것이 지금의 예니세이 강이 되었다고 한다.

## 강 상류에서 온 카이구시

강 상류에 카이구시[22]가 살고 있었다. 하루는 사람들이 사는 마을에 내려와 결혼을 하기 위해 신붓감을 찾아 데려갔다. 그녀와의 사이에 곰인 아들을 낳았고, 아들은 어느 정도 자라자 부모에게 말했다.

"아버지가 사람들이 사는 곳에서 어머니를 모셔 왔으니 저 역시 신붓감을 구하러 마을에 다녀오겠어요."

"애야, 안 가는 것이 좋겠구나. 네가 아직 힘이 약해서 사람들이 너를 죽일 수도 있단다."

"아녜요, 저를 죽이지 못할 거예요."

"아들아, 내려가서 내가 걸어간 일곱 발자국을 따라 지나갈 수 있으면 사람들에게 가게 해 주겠다."

아들은 쏜살같이 내려가 아버지의 발자국을 디디고 걸어갔다. 여섯 번째 발자국을 지났지만 일곱 번째 발자국까

---

22) 카이구시는 사냥이나 낚시를 할 때 행운을 가져다주는 신화적 인물이다. 때로는 여성과 남성일 수도 있고 곰, 개, 다람쥐, 검은담비 등 동물의 형상을 할 수도 있다. 인간이 카이구시와 결혼을 하면 항상 성공적인 수렵과 어로를 보장받는다고 한다.

지는 도달할 수 없었다. 집으로 돌아오자 아버지가 물었다.

"그래, 아들아, 다 지나왔느냐?"

"예, 건너갔어요."

아들은 아버지에게 거짓말을 했다.

"그런데 어머니는 어떻게 데려오셨어요?"

화제를 돌리며 아들은 떠날 채비를 했다. 낌새를 눈치챈 아버지가 말렸다.

"얘야, 사람들이 너를 죽일 거야. 가지 말거라!"

하지만 아들은 아버지의 말을 듣지 않고 사람들이 사는 마을로 떠났다. 그는 각각 백 개의 얼룩다람쥐 가죽 묶음 다발과 산족제비 가죽 묶음, 토끼 가죽 묶음, 늑대 가죽 묶음, 오소리 가죽 묶음을 가져갔다. 가는 도중 얼룩다람쥐가 굴에서 파헤쳐진 흙더미에 앉아서 물었다.

"강 상류에 사는 카이구시야, 어디 가니?"

"사람 찾으러 가."

"강 상류에 사는 카이구시야, 가지 마. 사람들이 너를 죽일 거야."

"아니야, 나는 못 죽일 거야."

"널 죽일 거야. 사람들이 네 갈비뼈를 호두나무 뿌리로 꼰 줄로 묶어 등뼈랑 묶은 채 너를 돌려보낼 거야. 아이고, 갈비뼈가 얼마나 달그락거리겠니!"

"안 죽일 거야."

그는 걸음을 계속해서 얼룩다람쥐를 떠나 산족제비에게 갔다.

"강 상류에 사는 카이구시야, 어디 가니?"

"사람 찾으러 길을 나섰지."

"강 상류에 사는 카이구시야, 가지 마. 사람들이 너를 죽일 거야."

"아니야, 죽이지는 않겠지."

그는 계속해서 다시 걸어갔다. 가다 보니 시베리아 족제비가 언덕에 앉아 있는 것이 보였다. 족제비가 카이구시에게 다가왔다.

"강 상류에 사는 카이구시야, 어디 가니?"

"사람 찾으러 가."

"가지 마, 사람들이 너를 죽일 거야. 네 갈비뼈를 줄로 묶은 채 널 보낼 거야."

"설마 나를 죽이지는 못하겠지."

"아니야, 널 죽일 거야. 사람들이 네 갈비뼈를 호두나무 뿌리로 꼰 줄로 묶어 등뼈랑 묶은 채 너를 보낼 거야. 어허, 갈비뼈가 얼마나 달그락거리겠나!"

"사람들이 나는 안 죽일 거야."

계속해서 걷다 보니 다람쥐가 언덕에 앉아 있었다. 다람쥐도 카이구시에게 물었다.

"카이구시야, 어디 가?"

"나 사람 찾으러 가고 있어."

"사람들이 너를 죽일 텐데. 갈비뼈를 엮은 채 널 풀어 줄 거야. 갈비뼈가 얼마나 달그락거릴까!"

"안 죽일 거야."

또다시 계속 길을 걷자 이번에는 언덕에 앉아 있던 검은 담비가 물었다.

"강 상류에 사는 카이구시야, 어디 가니?"

"사람 찾으러 가."

"사람들이 너를 죽일 거야. 갈비뼈로 엮은 채 널 풀어 줄 거야. 갈비뼈가 얼마나 달그락 소리를 낼까!"

"안 죽일 거야."

그는 계속해서 다시 걸어갔다. 토끼가 언덕에 앉아 있었고, 그 토끼도 카이구시에게 물었다.

"어디 가?"

"나, 사람 찾으러 가고 있어."

"사람들이 너를 죽일 거야. 갈비뼈를 엮은 채 널 풀어 줄 거야. 갈비뼈가 얼마나 달그락거리겠니!"

"사람들이 안 죽일 거야."

그러고는 또 계속해서 길을 걸었다.

북극여우가 언덕에 앉아 말했다.

"카이구시야, 어디 가니?"

"사람 찾으러 가."

"사람들이 너를 죽일 거야. 갈비뼈를 엮은 채 널 풀어 줄 거야. 갈비뼈가 부딪치는 소리가 얼마나 달그락거릴까!"

"안 죽일 거야."

그러고는 또 계속해서 길을 걸었다. 이번에는 여우가 언덕에 앉아 말했다.

"카이구시야, 어디 가니?"

"사람 찾으러 가."

"사람들이 너를 죽일 거야. 갈비뼈를 엮은 채 널 풀어 줄 거야."

"나 안 죽일 거야."

그러곤 계속 앞으로 걸어갔다.

어김없이 멀리 늑대가 언덕에 앉아 있었다.

"카이구시야, 어디 가?"

"사람 찾으러 가."

"사람들이 너를 죽일 거야. 갈비뼈를 엮은 채 널 풀어 줄 거야. 갈비뼈가 얼마나 달그락거릴까!"

"안 죽일 거야."

계속해서 발걸음을 옮겼다. 앞으로 가다 보니 오소리가

언덕에 앉아 그에게 말했다.

"카이구시야, 어디 가?"

"사람 찾으러 가."

"카이구시야, 사람들이 너를 죽일 거야. 갈비뼈를 엮은 채 널 풀어 줄 거야. 갈비뼈 부딪치는 소리가 얼마나 달그락거릴까!"

"안 죽일 거야."

카이구시는 낙엽송과 가문비나무가 우거진 숲에서 딸과 사는 노부부의 춤이 있는 정착지로 내려갔다. 이미 저녁이 되어 주위는 어두웠다.

마침 노인이 딸에게 물을 길어 오라고 시켰다.

"물 길으러 아래에 다녀올게요!"

그녀의 어머니가 말했다.

"아침에 가거라!"

"지금 다녀올게요!"

그때 카이구시가 그녀를 기다리고 있었다.

그녀는 물을 긷기 위해 느릅나무로 만든 바가지를 들어 아래로 내렸다. 얼음구멍을 통해 물을 길은 후 집으로 돌아오는 도중에 카이구시가 그녀를 붙잡았다.

"두려워 마시오. 나도 당신과 같은 사람이오. 나는 강 상류에서 온 카이구시요."

그는 그녀의 허리를 잡고 둘러업더니 어디론가 데려갔다.

당연히 두 노인이 집에서 아무리 기다려도 딸은 돌아오지 않았다.

“할멈, 아래 좀 다녀와. 우리 딸이 어디 갔는지 알아보고.”

할머니가 아래로 내려갔더니 딸은 없고 텅 빈 바가지만 있는 게 아닌가. 놀란 할머니는 바가지라도 챙겨 집으로 돌아왔다.

“딸애는 어디 간 게요?”

“애는 없고 빈 바가지만 있어서 그걸 가지고 왔어요.”

“옆 춤에 다녀오시오!”

할머니는 정착지에 가서 묻고 또 물었지만 딸이 온 적이 없다는 말만 들었다. 노인들은 밤을 뜬눈으로 지새웠다. 끝내 아침까지 딸이 돌아오지 않자 할아버지가 길을 나섰고, 혼자 딸을 찾아다니던 중 곰이 다녀간 흔적을 발견했다. 곰이 딸을 잡아간 것이 분명했다.

분노한 노인은 옆 춤에 갔다.

“아무래도 우리 딸을 곰이 데려간 것 같소. 모두들 창을 준비해서 나를 따르시오!”

사람들은 창을 갖고 노인의 뒤를 따랐다.

곧 곰은 사람들이 자신을 쫓아오는 것을 알아차렸다.

“내가 사람이라서 사람들이 따라오는 거겠지!”

마침내 사람들이 그를 거의 따라잡을 정도로 가까워졌다. 그는 얼룩다람쥐 가죽 묶음을 그들을 향해 던졌다.

노인은 곰이 무엇인가 던진 것을 보고 그것이 떨어진 곳으로 갔다. 따라온 사람들이 말했다.

"영감, 얼룩다람쥐 가죽 묶음이 놓여 있소!"

그러나 노인은 가죽에 욕심내지 않고 곰을 계속 뒤쫓았다. 결국 옆에서 기웃거리던 사람들도 노인을 따라갔다.

가던 길에 곰이 던진 산족제비 가죽 묶음을 발견하자 사람들은 산족제비 가죽 가까이 다가가며 말했다.

"여기 산족제비 가죽 묶음이 있소."

노인은 눈길도 주지 않았다. 그 의연한 태도에 사람들도 곰의 흔적을 따라 계속 뒤따라 걸어갔다.

쫓기던 곰, 카이구시가 처녀에게 말했다.

"당신 아버지는 가죽 뭉치를 쳐다보지도 않는군."

그러곤 그는 족제비 가죽 묶음을 다시 던졌다. 사람들이 곧 가죽 묶음 가까이에 도착했다.

"영감, 여기 족제비 가죽 묶음이 있소."

이번에도 노인은 쳐다보지 않았다. 그들은 계속 곰을 뒤쫓았다. 이번에 곰은 다람쥐 가죽 묶음을 남겨 두었다. 그곳에 도착한 사람들이 노인에게 말했다.

"영감, 또 다람쥐 가죽 묶음이 있소!"

노인의 태도는 여전했다. 사람들은 계속해서 곰을 추적했다. 곰이 검은담비 가죽 묶음을 남겨 두며 말했다.

"여보게들, 나를 좀 가만 놔두시오! 내가 당신들 수만큼 충분한 가죽을 남겨 두지 않았소."

노인이 사람들과 그곳에 도착했다.

"검은 담비 가죽 묶음이 있소. 영감, 아마 곰은 당신 딸을 데려가는 대신 가죽을 주나 보오."

노인은 사람들에게 눈을 흘겼다.

"곰을 잡으시오!"

사람들은 또다시 곰을 쫓아갔다. 이번에는 토끼 가죽 묶음이 있었다.

"여보시오들, 나를 좀 놔두시오. 신붓감이 필요해 데려가잖소."

곰은 신부를 데려가는 값으로 가죽을 계속해서 남겨 두었다. 연이어 짐을 던진 곰은 전보다 훨씬 가벼운 걸음으로 앞서 나갔다.

사람들이 토끼 가죽 묶음이 있는 곳까지 다가갔으나 노인은 쳐다보지도 않았다.

그러자 곰은 북극여우 가죽 묶음을 던져 주었다. 노인은 이 또한 관심을 갖지 않았다.

"곰을 잡으시오!"

질린 카이구시가 처녀에게 말했다.

"이번에도 묶음을 안 가져가나 보네. 사람들이 나를 죽이려고 쫓아오는군. 나를 죽이려고 말이야!"

그러고는 여우 가죽 묶음을 남겨뒀다.

"이보게들, 이건 이 처녀 값이오!"

사람들이 여우 가죽 묶음이 놓인 곳에 도착했다. 노인은 변함없이 완강했다.

"영감, 여우 가죽 묶음이오!"

"앞으로, 곰을 잡으러 앞으로 가시오!"

그다음에는 늑대 가죽 백 개 묶음이 있었다.

"여보시오, 제발 나를 가만히 놔두시오. 내가 이 처녀에 대한 보상으로 가죽을 주지 않았소!"

노인은 늑대 가죽 묶음을 쳐다보는 둥 마는 둥 했다. 카이구시는 지친 나머지 힘이 빠져 있었다. 그는 오소리 가죽 묶음을 남겼다.

"이보시오, 나를 좀 놔두시오. 내가 처녀 값으로 가죽을 주겠소, 나도 사람이란 말이오!"

그다음에도 또 가다가 매끈한 사슴 모피 코트를 던졌다. 사람들이 코트가 있는 곳에 도달했다.

"영감, 모피 코트가 있소! 모피를 가지시오!"

노인은 잠시 멈춰 생각에 잠겼다.

그때 카이구시가 처녀에게 말했다.

"당신 아버지가 나를 죽이려고 쫓아오고 있소!"

그리고 매끈한 비단 목도리를 던져 두었다.

"여보시오, 나를 놔두시오, 나를 죽이지 마시오. 내가 처녀에 대한 값으로 그만하면 충분히 드리지 않았소. 모두 가지시오!"

사람들도 비단 목도리를 보고 말했다.

"비단 목도리요, 이것 가지시오, 영감!"

그에 노인이 멈춰 생각했다. '저놈을 잡을까 말까.' 그러나 머뭇거리던 것도 잠시, 곧 다시 앞으로 발걸음을 옮겼다.

그러자 카이구시가 처녀에게 말했다.

"당신 아버지가 나를 죽이려고 쫓아오고 있소. 이제 나를 죽일 것이오!"

그러고는 등에서 그녀를 내려 주었다.

"잠깐 서 있으시오. 저들이 나를 죽이고 싶어 하니."

그리고 말을 이어 갔다.

"저들이 나를 죽이면 내 오른발을 자른 다음 머리도 잘라서 여기에 남겨 두시오![23] 그리고 당신은 사흘간 내 곁에 있

---

23) 케트족은 곰 사냥을 한 후 자른 오른쪽 앞발을 던져 올렸다. 친척 중 누가 놀러 올지 며칠을 머물게 될지 그가 어떤 음식을 대접받고 싶

어 주시오. 내 근처에 유콜라[24]를 남겨 두고 기름, 포르싸와 바르카[25]도 주시오.[26]"

곰은 사람들을 만나기 위해 왔던 길을 되돌아갔다. 곰과 맞닥뜨리자 그들은 화를 내고 욕하면서 달려들었다. 그리고 그를 곰 사냥용 창으로 죽였다.

노인은 멀리 떨어져 있던 딸에게 가서 말했다.

"이리 와라, 나랑 가자!"

딸은 마지못해 아버지를 따라갔다. 그녀가 도착했을 때 카이구시는 이미 죽어 있었다. 그러자 딸이 울며 말했다.

"얼마나 많은 가죽을 남기고 또 남겼는데 그것들이 아버지께는 부족했나요? 그도 사람인데 아버지가 제 남편감을 죽이셨어요!"

사람들은 곰 고기를 가지고 집으로 갔다. 딸이 사람들에

---

은지 알기 위해서라고 한다.

24) 케트족이 겨울용 비상식품으로 말린 생선이다. 보통 대구, 잉어나 도미를 재료로 하며 생선을 갈라 내장을 꺼낸 후 납작하게 펴서 말린다. 말린 생선은 사람과 개의 먹이로 사용하며 주로 수프로 끓여 먹는다.

25) 기름기 많은 생선을 오래 삶아 낸 잡탕식 요리다.

26) 카이구시가 사람들이 즐겨 먹는 예비로 만들어 둔 생선 요리를 자기에게 달라고 부탁했다.

게 말했다.

"여러분끼리 드세요!"

그녀는 곰 고기를 먹지 않았다.

사람들은 그녀의 반응에도 개의치 않고 곰 가죽을 벗긴 후 귀를 잘라 느릅나무로 쌌고, 그 느릅나무에는 곰의 갈비뼈를 그렸으며 목에는 곰의 얼굴을 붙여 놓았다.[27)]

사람들이 기름을 곰 앞에 놓자 처녀는 곰에게 기름을 먹였다. 사람들은 곰 고기를 먹었지만 그녀는 옆에 앉아 있으면서 입도 대지 않았다. 대신 그의 뼈를 모아 놓고 귀룽나무를 베어 꼰 새끼로 갈비뼈를 묶었다. 사람들은 곰 고기와 그의 뼈를 산기슭으로 가져갔다.

이 일이 있은 후 다시 살아난 곰은 아버지가 사는 곳으로 돌아가려 했다. 오소리가 있던 곳을 지나가자 오소리가 말했다.

"강 상류에 사는 카이구시야, 내가 마을에 가지 말라고 했잖아. 사람들이 너를 죽일 거라고. 그랬더니 너는 안 죽일 거라고 말했지. 자, 네 꼴을 한번 봐. 사람들이 너를 갈비뼈

---

27) 첫 단계는 모인 사람들이 모두 함께 곰 고기를 먹고 그다음으로는 곰 손님을 대접한다. 즉, 느릅나무에 곰 가죽으로 사람처럼 만들어 놓고 그 곁에 며칠 동안 음식을 놓고 대접하는 것이다.

를 묶은 모습으로 풀어 줬잖니. 얼마나 달그락거리니!"

카이구시는 몹시 부끄러웠다. 가는 길에 늑대를 만났다. 늑대가 말했다.

"내가 가지 말라고 했잖아. 그랬더니 네가 말을 안 들었어. 사람들이 너를 안 죽일 거라면서. 하지만 사람들은 너를 죽이고 새끼줄을 꼬아 네 갈비뼈를 묶어 버렸어. 갈비뼈가 얼마나 달그락거리니!"

그는 창피했다. 길을 계속 가다 이번에는 언덕에 앉아 있는 여우를 만났다.

"카이구시야, 내가 거기 가지 말라고 했잖아. 사람들이 너를 죽인다고. 그랬더니 안 죽일 거라고 말했지만 사람들은 너를 죽이고 새끼줄로 갈비뼈를 묶어 버린 후 너를 보내 줬지."

이번에도 그는 낯부끄러웠다. 갈비뼈는 서로 부딪쳐 덜그럭덜그럭 소리를 냈다.

한참을 가던 곰은 북극여우를 만났다. 여우가 언덕에 앉아 그에게 말했다.

"카이구시, 내가 가지 말라고, 사람들이 너를 죽일 거라고 말했잖아. 근데 너는 안 죽일 거라고 고집을 피웠지. 그런데 어떻게 됐니? 사람들은 너를 죽였어. 너는 말을 안 들었어. 사람들이 너를 안 죽인다고 말했지만 사람들은 너를 죽였다고!"

그는 재차 수치스러웠다.

"이제 갈비뼈를 묶어버린 후 너를 풀어 줬구나. 그러니 갈비뼈가 달그락거리지!"

그는 또다시 부끄러웠다.

계속 가다가 언덕에 앉아 있는 토끼를 만났다.

"카이구시야, 내가 가지 말라고 말했잖아. 사람들이 너를 죽일 거라고. 너는 안 죽인다고 했지만 봐라. 사람들이 너를 죽여 새끼줄로 네 갈비뼈를 묶었지. 갈비뼈가 얼마나 달그락거리니!"

그는 거듭 창피했다. 계속 걸어가다 보니 언덕에 검은담비가 앉아 있었다.

"카이구시야, 내가 가지 말라고, 사람들이 너를 죽일 거라고 말했지. 너는 안 죽일 거라고 했고. 그런데 사람들이 너를 죽여 갈비뼈를 묶은 채 풀어 줬잖아. 네 갈비뼈가 달그락거리는 것 좀 봐!"

그는 수치심에 도망쳤다. 가다가 언덕에 다람쥐가 앉아 있는 것이 보였다.

"네가 강 상류의 카이구시였을 때 내가 말했잖아. 가지 말라고, 사람들이 너를 죽인다고. 그랬더니 사람들이 안 죽일 거라고 했지만 사람들이 너를 죽이고 갈비뼈를 묶어 놔

주었네."

그는 또다시 민망해졌다. 다시 앞으로 발걸음을 옮겼다. 산족제비가 언덕에 앉아 있었다.

"카이구시야, 내가 가지 말라고, 사람들이 죽인다고 말했잖아. 넌 내 말을 안 듣고 죽이지 않을 거라고 했지. 지금 사람들이 너를 갈비뼈 묶은 채로 보내 줬네. 갈비뼈가 얼마나 달그락거리니!"

그는 창피했다. 앞으로 계속 걸어갔다. 얼룩무늬 다람쥐가 언덕에 있었다.

"강 상류의 카이구시야, 넌 내 말을 안 들었지. 사람들이 너를 죽이고 새끼줄로 네 갈비뼈를 묶을 거라고 했잖아. 갈비뼈가 얼마나 달그락거리니!"

그는 심한 수치심을 느꼈다. 녹초가 된 카이구시는 춤에 겨우 돌아와 문을 열고 안으로 들어갔다. 숨이 너무 차 말을 할 수가 없었다. 결국 바닥에 쓰러지자 뼈들이 요란한 소리를 냈다.

그의 아버지가 말했다.

"내가 가지 말라고 했잖니. 내 말 안 듣고 나를 속이더니…. 사람들이 너를 죽일 거라고 했잖아. 결국 사람들이 너를 죽였구나. 이제 너는 쓰러지고 네 묶인 갈비뼈만 달그락거리는구나. 사람들이 네 아버지인 나는 안 죽이려고 했겠니? 나도 여인을 데려왔건만, 너는 사람들이 죽이고 말았구나!"

그는 너무 부끄러워 한마디도 대꾸할 수 없었다.

# 단두큰 이야기

옛날, 아주 옛날에 가난하고 외로운 노인이 살고 있었다. 그가 결혼하자 부인은 두 아들을 그에게 선물해 주었다. 그는 평생을 툰구스카 강 하구에서만 살았다. 그의 아이들은 무럭무럭 잘 자랐지만 큰아들은 얼마나 게을렀는지 사냥에 전혀 재능이 없었다. 반면 작은아들은 민첩했고 사냥에 뛰어난 소질을 보였다. 아버지는 아들들에게 활과 팽팽한 화살을 만들어 주었다. 형제는 함께 다람쥐 사냥을 하러 다녔다. 하루는 아버지가 큰아들 단두큰에게 물었다.

"단두큰아, 왜 너 혼자 가지 않니?"

그러자 작은아들 틸게트가 말했다.

"형은 다람쥐를 못 잡아요. 조준도 못 하는걸요. 그래서 항상 같이 사냥하러 가요."

그러던 어느 날 틸게트가 다람쥐를 많이 잡았다. 저녁이 되어 집에 돌아오자 어머니는 다람쥐 가죽을 벗기며 말했다.

"이게 뭐람! 누가 다람쥐 엉덩이를 망가뜨렸니? 이제 가죽도 잘 안 벗겨지겠다."

단두큰은 속으로 비웃으며 생각했다.

'엄마는 항상 저를 타박하시죠. 제가 식사 준비도 도와드리고 강아지 먹이도 끓이며 장작도 패는데 엄마에게는 이 모든 것이 부족하죠! 그래서 제가 이렇게 한 거예요.'

단두큰이 말했다.

"틸게트가 다람쥐 엉덩이에 토마르[28]를 쐈거든요."

어머니는 잠자코 자리에 앉았다.

별일 없이 얼마간의 시간이 지났다. 세월의 흐름에 따라 점점 연로해진 어머니가 아들들에게 말했다.

"너희 둘 중 한 명이라도 결혼을 했으면 좋겠다. 내가 더 일할 힘이 없어서 말이다. 일손이 부족하니 한 명 데려왔으면 좋겠구나."

하지만 단두큰이 부인을 얻기는 어려웠다. 인물은 좋아도 사냥을 싫어하고 게으른 까닭이었다. 아버지가 말했다.

"할멈, 이런 놈한테 누가 시집을 오겠소?!"

하루는 형제가 또 사냥을 나갔다. 틸게트가 이번에도 다람쥐 사냥을 성공적으로 해 오자 단두큰이 동생에게 말했다.

"다람쥐를 네 자루에 넣어라."

틸게트는 형이 시킨 대로 하고는 다른 쪽으로 몸을 돌려

---

28) 케트족의 굵고 무딘 화살이다.

뭔가를 하고 있었다. 이때 단두큰은 다람쥐 엉덩이를 다시금 두들겼다.

어느 날 어머니가 아버지와 이야기를 나누었다.

“틸게트는 민첩하고 좋은 사냥꾼이지요.”

단두큰이 생각했다.

‘부모님은 항상 틸게트만 예뻐하고 안타까워하시는군. 나는 사람으로 생각지도 않고 말이야. 오늘 저녁 당신의 잘난 아들이 어떻게 사냥했는지 한번 구경하시고 이제 이 다람쥐 가죽이나 벗기세요!’

그러고서도 그는 한동안 생각에 빠졌다.

‘대체 내가 왜 사람으로 태어난 걸까? 아무도 나한테 시집오지 않을 거야. 모두들 부인을 구해 가정을 이루고 사는데.’

스톨보프 강 너머에는 큰 바위가 있었는데 단두큰은 이따금 그 바위를 쳐다보곤 했다.

‘나도 저런 바위로 태어났으면 좋았을 텐데.’

그때 어디선가 덜컥하고 문소리가 들렸다. 그러자 단두큰이 동생에게 말했다.

“곧 어두워질 테니 집으로 돌아가자.”

집으로 출발한 형제는 저녁이 되어서야 집에 도착했다. 단두큰은 아버지에게 말했다.

"아버지, 내일 뭉툭한 활 좀 만들어 주세요."

그러나 다음 날 아침 아버지는 말했다.

"얘야, 우리 단두큰이 뭣 때문에 활이 필요하겠니. 넌 너무 게을러서 활을 들지도 못할 텐데 말이다."

"아버지, 그러지 마시고 만들어 주세요!"

"그만하고 앉아라, 쓸데없는 소리 하지 말고!"

그러자 단두큰은 벌떡 일어나 도끼를 들고 장작을 팼고, 눈 깜짝할 사이에 장작더미가 산처럼 쌓였다. 그러고는 재빨리 모닥불을 피우는 사이 숲에 가서 낙엽송 가운데 다른 나무를 구별해 냈으며 자작나무로 널찍한 판까지 만든 후 집에 돌아와 아버지께 말했다.

"밖으로 나오세요! 자, 이제 저에게 활 좀 만들어 주세요, 아버지!"

단두큰이 한 일을 본 아버지가 깜짝 놀라 말했다.

"그래, 알겠다, 아들아. 당연히 만들어 주마."

노인은 물속에서 갓 나온 듯 땀을 뻘뻘 흘리며 활을 만들었다.

그러자 틸게트가 생각했다.

'형이 좋은 생각을 해 냈는지, 아니면 멍청한 생각을 해 냈는지는 모르겠지만 무슨 꿍꿍이가 있나 보군.'

단두큰은 활을 손에 들고 휘둘러 보며 생각했다.

'이만하면 좋네.'

다음 날 아침 두 형제가 사냥을 가려 할 때, 단두큰이 틸게트에게 말했다.

"이번에는 나 혼자 다녀올게."

"뭘 잡으려고?"

"뭐라도 잡아 보려고."

결국 형제는 각기 다른 방향으로 향했다.

한참을 가던 단두큰은 지쳐 눈 위에 배를 깔고 쓰러졌다.

'동생은 사냥을 잘하지. 그 애가 먼저 갔으니 눈 때문에 길이 없어졌을 거야. 나는 이제 눈 쌓인 길을 가야 하는데 더 힘들어지겠네.'

그러나 바로 그때 어제 저편에서 덜컥 문소리가 났던 것이 떠올랐고, 단두큰은 강을 건너 바위 근처로 다가갔다.

걷고 또 걷던 중 갑자기 다람쥐가 나무에서 제 발로 스스로 내려오는 것을 보았다. 단두큰은 의문을 품고 다람쥐를 쫓기 시작했다. 그런데 쫓아가다 보니 다람쥐의 발자국이 점점 더 커졌다.

'대체 어떤 다람쥐일까?'

그는 계속 쫓아가야 할지 아니면 그만둬야 할지 고민하면서 온몸을 떨며 불안해했다. 그러다가 잠시 후 다람쥐의 발자국이 사람 발자국으로 변하기 시작했다.

'이건 카이구시가 분명해.'

단두큰은 들뜬 마음으로 뒤를 따라갔다. 얼마나 쫓아왔는지 이제 숨을 쉬기도 어려웠다. 거의 다 따라잡았을 즈음 다람쥐가 나무 위로 올라갔다. 그제야 단두큰도 숨을 돌렸다. 호흡이 정상으로 돌아오자 그는 다람쥐를 향해 활을 겨눴다. 그때 신기하게도 다람쥐가 우는 소리를 냈다.

'대체 다람쥐 정체가 뭘까? 죽여야 하나, 아니면 보내 줘야 하나? 아마도 멋진 카이구시일 거야. 그래, 죽이지 말자.'

'아니야, 사람이 짐승을 보내 주는 게 가당키나 하겠어?'

그러고는 다람쥐를 향해 조준한 후 활을 쏘자 다람쥐가 땅에 떨어졌다. 단두큰은 다람쥐가 떨어진 나무에 가까이 다가가서 다람쥐를 자세히 살펴보았다.

'희한한 다람쥐네. 집에 가져가서 다람쥐를 잡았다고 부모님께 보여 드려야겠다.'

그는 허리춤에 다람쥐를 묶었다. 그때 등 뒤에서 누군가의 목소리가 들렸다.

"이제 너는 여기에 오두막을 지어라."

단두큰은 당황해 할 말을 잃었다.

'대체 어디서 이 말이 나오는 것일까? 생각은 그만하자.'

누군가의 말을 따르기로 결심한 그는 순식간에 오두막을 지었다. 여자들이 앉을 좁은 자리에는 전나무 가지를 놓았고, 불 옆에 있는 자기 자리에는 가문비나무 가지를 놓았다. 나뭇가지도 뿔 모양으로 베고 그다음에는 똑바로 자란 가지를 잘랐으며 그 후에는 불을 피웠다.

'이제, 나는 다람쥐 가죽이나 벗겨야겠다.'

그러고는 다람쥐를 로젠[29]에 올려놓고 로젠을 모닥불 가까이에 세운 후 다람쥐를 익히기 시작했다. 다람쥐가 익는 동안 그는 바위에서 문이 열리는 소리를 들었다.

어디선가 여우의 울음소리와 비슷한 개 카이구시의 소리가 들렸다.

"넥, 넥."

단두큰의 귀에는 울음소리가 점점 가까워지는 것처럼 들렸다. 그는 너무 놀란 나머지 주저앉았으나 재빨리 자작나무 조각을 잘라 사타구니와 겨드랑이에 끼웠다. 곧 오두막 입구에서 사각거리는 소리가 들려왔다. 단두큰이 밖을 내다보니 검은담비털 외투를 입은 여인이 서 있었다.

"이 세상 사람아, 당신이 내 동물을 죽였소?"

---

29) 로젠은 자작나무로 만든 뾰족한 막대기로 고기나 생선을 꿰어 불가에 구울 때 사용한다. 이에 불가 또는 화롯가의 로젠은 가족 간의 화목을 상징하고 로젠이 망가지거나 불이 꺼진 것은 사람의 죽음, 종족의 멸망을 상징했다.

“그렇소, 내가 다람쥐를 죽였소.”

단두큰이 오두막 안에서 그녀에게 말했다.

“썰매에서 내려서 오두막 안으로 들어와 이 좁은 곳에 앉으시오.”

단두큰은 모닥불에서 다람쥐를 집어 세 조각으로 토막을 내고는 다람쥐 뒷부분을 그녀에게 내밀었다. 그러나 카이구시는 그것을 밀어냈다. 단두큰이 앞부분을 건네어 보았지만 이번에도 카이구시는 또다시 밀어냈다.

‘뭘 어쩌란 말인가? 갈비뼈 부분만 남았는데 이것을 줘야 하나?’

고민 끝에 단두큰이 갈비뼈를 주자, 마침내 카이구시가 집어 들었다. 둘은 배를 그럭저럭 채웠다.

“자, 그럼 이제 놀아 볼까?”

그녀는 쳐다보기만 하고 잠자코 있었다. 단두큰이 뿔 모양의 나뭇가지로 불을 붙여 그녀 쪽으로 밀치자 전나무가 부지직 소리를 냈다.

“당신이 앉은 자리가 소리 내며 웃네요.”

그녀가 곧게 뻗은 막대기를 잡고 불을 붙여 그에게 밀었다.

“내 자리에서는 동물들이 우는 소리를 내는군.”

단두큰이 그녀에게 다가가 간지럼을 태웠다. 그러나 그

녀는 미소조차 띠지 않았다.

두 사람은 한동안 이렇게 놀며 시간을 보냈다. 자정이 지나자 카이구시가 간지럼에 지쳤다. 그녀의 이마에서는 땀이 흘렀고, 그녀는 자기 자리로 돌아갔다. 하지만 단두큰이 그녀에게 바짝 달라붙어 또다시 간지럼을 태우기 시작했다. 그제야 그녀는 미소를 지었다.

"이제, 당신은 내 부인이 되는 거요!"

단두큰이 몸을 숙여 자세히 보니 그녀는 마치 불처럼 타오르고 있었다. 그녀의 땋은 머리는 햇빛이 쭉 뻗은 것처럼 길었고 눈썹은 까맸으며 눈은 불처럼 반짝였다. 그녀의 이마는 마치 별이 반짝거리는 것 같았다.

"이제 우리 부모님께 갑시다."

"아니요, 먼저 제 돌로 만든 춤에 가요."

그들이 그녀의 춤으로 향하자 길이 그녀의 춤 입구까지 만들어졌다. 문이 저절로 열렸고 그들은 안으로 들어갔다. 집 안의 모든 것이 번쩍거렸다.

"상자 위에 앉으세요."

그러면서 그녀는 그에게 이야기하기 시작했다.

"저는 아버지, 어머니도 없는 천애고아랍니다. 제가 어렸을 적에 어머니는 저를 버렸지요. 이 암석 끝자락에 살던 노인 카이구시가 저를 데려다 키웠어요. 그래서 저도 암석에 춤을 지었지요."

그녀가 구석을 뒤진 후 놋으로 만든 활을 꺼내 와 그에게 건넸다.

"가지세요. 이제 당신은 아주 많은 짐승을 사냥할 수 있을 거예요. 내일 당신 부모님께 함께 가요. 저녁에 춤 앞쪽으로 나가 일곱 계단을 만드세요. 여섯 마리 검은담비를 가져가고 일곱 번째는 손대지 마세요. 그러면 우리는 백년해로할 수 있을 거예요. 당신은 사냥을 잘하실 거고요. 제가 당신을 유인하긴 했지만 당신의 의지가 더 강했죠. 저는 이 집에서 자라서 집을 두고 가기가 힘드네요."

그녀는 반짇고리를 품속에 넣었다[30]. 그러면서 눈물을 쏟아냈고, 단두큰의 손을 잡았다.

"자, 이제 당신 부모님 댁에 가요."

얼마 동안 걸어가자 부모님의 집에 도착했다.

"대체 어쩌다가 네가 이런 여인을 얻은 게냐?" 그의 부모님은 믿을 수 없다는 듯이 말했지만 그들의 출현에 반색했다.

---

30) 반짇고리는 여인이 결혼을 할 때 가져가는 중요한 물건이었기에 고향이나 가족과의 인연을 상징했다. 반짇고리를 품속에 넣는 것은 남편을 따라나서는 것을 의미한다.

# 타닌가

자갈 강가에 할아버지, 할머니 그리고 그들의 딸 타닌가가 살고 있었다. 어느덧 딸은 훌쩍 자라 혼기가 꽉 찬 나이가 되었다. 할머니가 딸에게 말했다.

"타닌가야, 내려가 물 좀 길어 오렴."

타닌가는 자작나무로 만든 바가지를 재빨리 들고 강가로 달려갔다. 그녀는 바가지를 강가에 내려놓고 발을 씻기 시작했다. 문득 그녀가 물 아래로 눈길을 돌리자, 물속에서 공같이 둥근 두 개의 눈동자가 위를 쳐다보고 있었다. 타닌가는 깜짝 놀라 소리를 지를 뻔했다. 그때 누군가 그녀의 다리를 물 아래로 잡아당겼다.

이로고트 영감님과 할머니는 딸이 돌아오지 않자 의아해하며 말했다.

"물을 길으러 간 타닌가가 너무 오래 걸리네."

"아무래도 강가에 내려갔다 와야겠어요."

하지만 할머니가 아무리 둘러보아도 근처에는 아무도 없었고, 타닌가의 바가지만 빈 채로 남아 있을 뿐이었다.

"영감, 우리 타닌가가 없어요. 아무런 흔적도 없이 감쪽같이 사라졌어요!"

이번에는 영감님이 춤에서 뛰어나와 딸을 부르며 찾아 다녔다.

"타닌가야! 타닌가야!"

얼마 동안 두 노인은 슬피 울기만 했다.

그러다가 하루는 할멈이 말했다.

"영감, 이제 그만합시다. 하늘에 대고 이만하면 충분히 울었잖아요."

그러고는 할멈은 빈 바가지를 집어 들고 춤으로 들어왔다.

"대신 우리 딸의 바가지를 마치 타닌가가 여기 앉아 있는 것처럼 생각하며 봅시다."

체념한 노부부는 그렇게 겨울을 보내기로 했다.

"우리 딸이 사라진 그곳에서 우리도 겨울을 보냅시다."

겨울은 그렇게 지나갔지만 노인들은 알아채지 못했다. 먹을 것은 풍족했다.

"영감, 온갖 짐승이 잡히기 시작했어요. 예전에는 당신이 이렇게 사냥을 잘하지 못했는데 말예요."

그러던 어느 겨울, 할머니는 꿈속에서 딸을 보았다.

"엄마, 왜 울고 계셔요, 전 살아 있는데. 두 분이 제 내장을 다 끄집어내셨어요!"

그러나 할머니는 그것을 단순한 꿈으로 치부했다. 그렇

게 또다시 시간이 흘러 봄이 지나고 여름이 올 시기가 되었다.

"할멈, 우리 여름을 보내러 예니세이 강으로 떠납시다."

"세상에나, 예니세이 강이라니! 딸을 잃어버린 곳에서 여름용 춤을 만들어 지내려고 했는데."

두 노인이 그곳에서 여름을 보내고 얼마의 시간이 흘렀다. 어느 날 아침 할아버지가 일어나 차를 마시려고 할 때였다.

"문 좀 열어 보세요. 시원한 바람이 들어오게요. 춤 안이 너무 후덥지근해요."

할아버지는 춤에서 강을 내다보았다. 그곳에는 누군가가 서 있었다! 할아버지는 손톱으로 할머니를 쿡 찔렀다. 할머니가 의아한 얼굴로 할아버지를 바라보았다.

"대체 누굴까?"

할아버지가 강 아래를 가리켰다. 그러자 그곳을 본 할머니가 갑자기 몸을 떨기 시작했다.

"영감, 우리 딸 같아요!"

노인들의 말대로 딸이었다. 두 노인은 딸을 붙잡고 끌어안으며 기뻐했다.

"세상에나, 신이 우리 딸을 데려다주셨군."

감격에 찬 노인들은 딸을 춤으로 데려왔다.

"얘야, 이제는 너를 아무 데도 안 보내련다. 아이고, 내 딸아, 대체 우리를 왜 버린 거니? 이제 우리는 상노인이란다. 차조차 끓여 먹기가 어렵구나."

"엄마, 아빠, 다시 저를 보내 주셔야 해요. 안 보내시면 저는 죽을 수밖에 없어요. 그리고 더 이상 저를 못 보실 거예요."

그러자 노부부는 꺼이꺼이 울기 시작했다. 그럼에도 타닌가는 의연한 태도로 말했다.

"진정하시고 그만 우세요."

딸의 말에 노인들이 잠잠해졌다.

타닌가는 부모님께 그동안 있었던 일을 이야기해 주었다.

"저는 물의 정령에게 시집을 가서 잘 살고 있어요. 두 분도 이젠 먹을 것이 항상 넘칠 거예요. 제가 남편과 매년 두 분을 보러 올게요. 그러니 더 이상 울지 마세요. 이제 저는 그만 가야 해요, 남편이 강가에서 기다리고 있거든요."

"얘야, 왜 우리에게 사위를 안 보여 주는 것이니?"

"보고 싶으세요? 그럼 제가 내려가 불러 볼게요."

타닌가는 빠르게 강가로 달려갔다. 잠시 후 아래에서 두 사람이 올라와 춤으로 들어왔다. 젊은 부부는 노인들 사이에 앉았고, 영감은 사위를 눈여겨보았다. 얼마나 인물이 좋은지 불꽃이 환하게 피어오르는 것 같았다.

"영감, 상을 차리세요."

모두들 차를 마시기 시작했다. 차를 다 마시고 나자 해가 졌다. 사위가 말했다.

"두 분께서는 더 이상 울지 마십시오, 타닌가가 너무 힘들어하거든요. 저희는 잘 살 테고 두 분도 먹을 게 충분하니 걱정 마십시오. 또 매년 저희가 찾아뵙겠습니다. 이제 저희는 그만 가야 합니다. 울지 마시고요. 저희를 따라 강가로 내려오시면 안 됩니다."

노부부는 딸과 사위에게 키스를 해 주었다. 타닌가와 사위는 나가면서 문을 닫았다.

이야기는 이렇게 끝이 난다.

# 쿄글 할머니

옛날 옛적에 쿄글 할머니가 두 아들과 살고 있었다. 큰아들은 장가를 갔지만 작은아들은 아직 결혼 전이었다.

어느 날 할머니는 겨울을 나려고 포드카멘나야 퉁구스카 강 상류로 올라갔다. 할머니의 아들들은 다람쥐 사냥을 아주 잘했다. 봄이 되자 할머니가 아들들에게 말했다.

"옐로구이 강에 다녀오자. 작은며느릿감을 찾으러 말이다."

쿄글 할머니는 옐로구이 강에서 아들에게 잘 어울리는 신붓감을 찾아다녔다. 한편 키린 할아버지는 외동딸을 키우며 살고 있었다. 할머니가 그의 딸과 혼사를 성사시키고 싶어 하는 것을 알게 된 키린 역시 할머니 아들에세 딸을 주는 데 찬성했다. 그렇게 할머니의 작은아들과 할아버지의 외동딸은 결혼했고, 모두 그곳에서 여름을 보냈다. 가을에 할머니가 아들들에게 말했다.

"다시 퉁구스카 강으로 올라가자."

그들은 퉁구스카 강을 따라 올라가 벨모 강에서 겨울을 보내기로 했다.

그러던 어느 날 할머니의 작은아들이 잔병치레를 하기

시작하더니 시간이 갈수록 더 심하게 앓았다. 결국 겨울이 끝날 무렵, 병이 더욱 깊어져 시름시름 앓던 끝에 죽고 말았다.

할머니는 작은아들의 죽음을 슬퍼하며 밤낮으로 눈물을 흘렸다. 큰아들이 말했다.

"다시 돌아가요, 어머니. 벌써 따뜻한 바람이 불기 시작했잖아요."

"절대 아들 뼈만 뿌릴 수는 없다!"

"무슨 말이세요, 어머니?"

"며느리도 아들과 남겨 둬야겠다."

"산 사람을 어떻게 버립니까?"

"아들 뼈를 이곳에 묻으면 아들이 없어지는데, 그럼 며느리가 다른 남자한테 시집을 또 가란 말이냐?"

"어머니 뜻대로 하세요."

그는 집 밑에 차디찬 구덩이를 팠다. 그리고 그곳에 동생의 부인을 가슴까지 묻었다.

"팔은 아래로 내리세요."

그러고는 흙을 뿌려 따뜻한 땅을 밟아 다지며 어머니에게 말했다.

"자, 가요, 어머니."

그들은 강가로 출발했다.

며느리가 곰곰이 생각했다. '어떻게 땅 위로 올라갈 수 있을까? 나간다면 얼룩무늬 다람쥐로 끼니를 때워 가며 포드카멘나야 툰구스카 강까지 갈 수 있을까?'

이런 생각도 했다.

'옛날 우리 조상들, 하늘의 선조들은 곰을 키웠다지. 그러다 저승의 주인인 호세담31)이 선조들을 산 채로 잡아먹었고. 누가 내게 좀 와 주었으면, 와서 나를 꺼내 주면 좋을 텐데. 대체 내가 왜 여기서 죽어야 하나! 이제 곧 결빙이 시작될 텐데. 지나가는 동물이라도 있으면 좋으련만.'

그러다가 아침이 되자 어디선가 부스럭거리는 소리가 들렸다. 그쪽으로 눈을 돌려 보니 곰이 그녀에게 다가오고 있었다.

주위를 둘러본 곰은 눈을 헤쳐 그녀를 꺼내 주었고, 곰팡이를 털어 내며 그녀의 등을 앞발로 살짝 두드렸다.

"곰님, 혹시 우리 부모님이 당신을 키워 주었나요?"

그러자 곰이 고개를 끄덕였다.

---

31) 케트 신화에 등장하는 악의 근원으로 호샤담의 또 다른 이름이다. 예시의 부인으로 천상에서 쫓겨나 예니세이 강 하구의 북쪽에 자리를 잡는다. 천재지변을 불러일으키며 인간의 죽음에 결정적인 원인을 제공한다.

곰 카이구시는 여인을 데려갔다. 도중에 곰이 휘파람을 불어 다람쥐를 불렀다. 다람쥐가 모습을 드러내자 여인은 꺾은 자작나무 잔가지로 다람쥐를 죽였다. 그러고 고민에 빠졌다.

'어떻게 익히지도 않고 먹지?'

그때 곰이 그녀에게서 다람쥐를 빼앗아 자신의 겨드랑이 사이에 넣었다. 그렇게 한동안 겨드랑이에 다람쥐를 끼우고 있다가 건네니 다람쥐가 익어 있었다.

둘은 다시 걷기 시작했다. 곰은 그녀를 데리고 포드카멘나야 툰구스카 강을 헤엄쳐 건넜고, 때때로 그녀에게 들꿩을 잡아다 주었다. 마침내 그들은 옐로구이 강기슭으로 빠져나와 하류로 내려갔다.

곰은 땅바닥을 가리켰다.

"여기 앉으시오!"

그러고는 발로 땅을 평평하게 만든 후 그곳에 앉아 앞을 가리켰다.

"저기를 보시오!"

그러고는 자신은 위로 올라가 수풀 뿌리 근처에 누웠다.

여인이 바라보니 위쪽에 일림카[32)]가 떠 있는 것이었다.

---

32) 케트족의 수상가옥.

그녀가 손을 흔들기 시작했다.

"여기로 와 주세요!"

그것을 본 사람들은 놀라 정박했다.

"세상에나! 어떻게 사람의 딸이 여기에 있는 거지? 저 애 부모님도 여기 계신데. 너 여기 어떻게 온 거니, 어쩌다 이 곳까지 오게 된 거야?"

"잠깐만요, 잠깐만요. 나중에 말씀드릴게요. 지금은 곰을 위해 자갈 많은 여울에 사슴 가죽을 깔아 주세요."

"곰 할아버지, 여기로 내려오세요!"

곰은 내려와 몸을 덜덜 떨며 가죽 위에 누웠다. 곰이 말했다.

"여보시오, 이 여인은 내가 여기로 데려왔소."

딸의 부모는 어리둥절해 서로를 바라보기만 했다.

"할멈, 곰이 우리 딸을 여기로 데려왔다는군!"

할아버지는 곰 카이구시에게 다가가 쓰다듬어 주었다. 그러자 카이구시가 노인의 손을 잡아 자신의 목으로 가져갔다.

"할멈, 우리가 채워 준 곰의 목걸이가 목을 짓누르나 보네!"

할머니가 다가가 곰을 어루만졌다.

"영감, 곰에게 목걸이를 새로 만들어 주셔요."

다음 날 어떤 사람들은 쇠를 박고 다른 사람들은 장신구를 만들었다. 그렇게 해서 만든 새 목걸이는 곰에게 걸어 주었고, 또 좋은 음식도 차려 주었다.

그들은 이틀을 함께 머물렀다. 이틀 후 사람들이 곰에게 물었다.

"이제 떠날 거니? 가야 할 시간이 되기는 했지."

곰은 몸을 턴 후 자기 목걸이를 내려다보며 앞으로 걸어 나갔다.

노부부가 곰에게 말했다.

"젊은 카이구시를 괴롭히지 말거라!"

곰 앞에 길이 생겨나자 곰은 그대로 길을 따라 걸어갔다.

노인들도 기슭에서 출발하여 옐로구이 강을 따라 내려갔고, 이후로는 평화롭게 잘 살았다.

## 울게트

사람들이 제믈란키[33]에서 가을을 보낼 때였다. 야영지는 아주 컸고 반원 모양이었다.

어둑해질 저녁 무렵, 샤먼이 죽은 사람들을 불러들이는 캄캄한 춤은 모든 구멍이 막혀 있었다. 칠흑 같은 밤이 되자 샤먼은 혼령을 불러들였다. 부르고 또 부르다 보니 얼마쯤 시간이 흘렀다.

눈먼 할머니 곁에 한 남자가 앉아 있었다. 노파는 손으로 천천히 위아래로 그의 몸을 만졌다. 특히 그의 머리를 주의 깊게 더듬어 보았다.

'이 사람에게서 타지 사람의 냄새가 나는군.'

그녀는 마치 애무하듯이 그의 얼굴을 쓰다듬었다. 이 남자는 사슴 발 가죽으로 만든 신발을 신고 있었다.[34] 노파는 작은 재봉틀을 가져와 조그마한 칼을 꺼내서는 그가 눈치

---

33) 땅속 깊이 뼈대를 고정해서 만든 케트족의 가옥이다. 가을부터 겨울을 지내기 위한 가옥으로 땅을 파서 흙으로 두른 원시 난로를 설치한 통나무 오두막집인데 두세 가족 이상이 함께 지내기도 한다.

34) 이러한 신발은 보통 유라크인이나 엔츠족이 신는다.

채지 못하는 사이 그의 양말을 몰래 잘랐다. 그 유라크인 남자가 발을 잡아당겼지만 노파는 다시 다리를 자기 쪽으로 잡아끌었다. 노파는 달궈진 모래를 화로에서 꺼내 그의 신발에 밀어 넣었다. 그는 다시 다리를 잡아당겼지만 노파는 이번에도 재차 그의 발을 끌어와 모래를 집어 신발에 조심스레 넣었다.

그러고는 샤먼에게 말했다.

"여기 타지 사람 냄새가 솔솔 나는데 이제 주술은 충분한 거 같소!"

심상치 않다는 것을 눈치챈 유라크족 남자는 주술이 끝나자마자 뛰쳐나와 다른 사람보다 먼저 도망갔다.

"다들 조용히 앉아 있고, 누구도 나가지 마시오!"

노파의 말을 따른 사람들은 불을 켰다.

"모래 자국을 찾으시오!"

사람들이 밖으로 나가 유라크인의 발자국을 따라 뒤를 쫓았다. 도중에 유라크인이 야영지 동태를 정탐하러 왔지만 캠프가 너무 커 별 소득이 없었다.

한편 케트족 대장은 부인과 어머니에게 지시했다.

"울게트[35]가 유라크인들이 있는 밖으로 못 가게 하십시

35) 우두머리의 남동생 이름.

오!"

그는 자신의 부대와 함께 모래 자국을 따라 유라크인을 쫓아갔다. 대장이 부하들에게 말했다.

"유라크인들이 세 번째 활을 쏠 때만 화살을 쏘시오!"

사람들은 조용히 산을 올랐다. 그때 유라크인이 타이가에서 바라보니 케트인들이 앞에 한 줄, 뒤에 한 줄, 2열로 정렬해 있었다.

유라크인이 보는 것을 알아차린 대장이 말했다.

"눈에 띄지 않게 땅에 옆으로 누우시오!"

그러자 사람들이 땅에 착 달라붙었다. 대장은 유라크인을 향해 활을 쏘았다. 그에 유라크인들도 일어나서 세 번 화살을 쏘아 반격했으며, 케트인들 앞에 화살로 조준 각을 세웠다.

대장이 말했다.

"일어나시오. 목 주위가 하얗고 머리를 땋은 사람들을 잡으시오!"

전쟁은 오랫동안 지속되었다. 여자들은 집에서 대장의 동생인 울게트를 나가지 못하게 막고 있었지만, 결국 울게트는 여인들의 손을 물어 어찌어찌 도망쳐 형에게 달려갔다.

자신이 막으라 했는데도 끝내 울게트가 온 것을 안 대장은 울게트에게 말했다.

"너는 뒤에서 활을 쏘아라!"

그러면서 사람들에게도 계속 상기시켰다.

"목이 흰 사람을 잡으시오!"

한동안 전쟁이 지속되다 드디어 전투가 조금씩 소강상태에 접어들었다. 겨우 숨을 돌린 대장이 뒤를 돌아 울게트를 찾았으나 동생은 보이지 않았다. 대장의 사정과는 관계없이 얼마 후 전쟁이 끝났고 케트인들은 유라크인들을 모조리 물리쳤다.

대장은 뒤를 돌아 남은 사람 수를 세어 보았지만 얼마 되지 않았다.

"울게트는 어디 갔나?"

산 자와 죽은 자 사이에서 울게트를 찾아보았다. 한참 후 대장이 그를 우연히 발견했다. 그는 화살에 심장을 관통당한 채로 누워 있었다.

대장은 화살을 빼내 유심히 살펴보았다.

"이건 우리 화살이잖나, 와이자(Y)형 화살!"

사람들은 잠자코 보고만 있었다.

"내가 너희들에게 말했잖아! 목이 흰 사람만 쏘라고 말이야! 대체 눈은 두었다 뭐 하는 거야?"

대장은 입술에 흐르는 동생의 피를 핥았다. 유라크인들

이 도망칠 곳을 찾지 못해 헤매는 사이 전쟁이 끝나 버렸다.

"이제 유라크 순록을 모아 아래로 데리고 가시오!"

대장은 아래로 내려가 춤에 들어가서 부인에게 욕을 했다.

"울게트를 내보내면 어쩌자는 거요?"

여인들이 항변했다.

"우리도 막을 수가 없었어요, 우리 팔 좀 보세요!"

대장이 보니 여인들의 손에서 피가 떨어지고 있었다. 그럼에도 분이 풀리지 않았다.

"울게트의 심장에 우리 편 화살이 꽂혀 있었소."

며칠이 지난 후 대장이 말했다.

"내일 이동하겠소!"

옆 춤에서 노쇠한 노인이 말했다.

"대장이 주인에게 돌려주겠다며 그가 가지고 있는 화살이 누구 것이냐고 물을 게다. 그는 동생의 원수를 갚고 싶어 하니 쉼터에서 어떤 청년이든 죽일 것이야!"

다음 날 아침 해가 뜨자 사람들은 짐을 싸서 길을 떠났다. 오후 나절 쉼터에 도착한 후, 대장은 자기 짐 썰매를 길 옆에 세웠다. 그러고는 썰매 위에 앉아 손에 와이자형 화살을 들고 화살을 가지고 놀며 사람들에게 시선을 보냈다.

"이것이 자네 화살인가? 내가 돌려주려 하네. 아직 어린

내 동생의 심장에 쏜 것이고. 울게트가 아직 더 자라야 하는데 이 화살이 그의 목숨을 앗아 간 것이지."

그는 썰매에 앉아 있었다. 뒤에서 바로 그 노쇠한 노인이 겨우 들릴까 말까 한 목소리로 말했다.

"여보시오, 그것은 내 화살이오!"

그러자 대장이 자기 화살을 꺼내며 말했다.

"영감님, 화살 돌려받으세요!"

대장은 바로 일어나 줄을 잡고 썰매를 끌었으며, 사람들은 눈 쌓인 겨울 길을 따라 앞으로 달렸다. 이야기는 이렇게 끝이 난다.

## 뉴냠

한 남자가 있었다. 그의 친척들은 언제인지 모두 죽고 없었다. 세월이 흘러 남자는 가정을 꾸렸다. 결혼하고 1년 후 부인이 아들을 낳았다. 그들은 아들 이름을 뉴냠이라고 지었다. 아들은 하루가 다르게 무럭무럭 자랐다.

한번은 어머니가 버드나무 껍질을 벗기러 밖으로 나갔다. 아이와 아버지는 집에 남아 있었다. 그런데 바로 그때 북쪽에서 온 네네츠족의 대장이 군사를 이끌고 강으로 쳐들어왔다. 야영지에 들이닥친 적들은 아버지를 죽였고, 자고 있던 아이는 군사들이 못 본 채 지나갔다. 그들은 홈이 파인 배를 타고 도망쳤다.

집으로 돌아온 어머니는 죽은 남편을 발견했고 누군가 강가에서 사라지는 것을 보았다. 남편을 죽인 자들이 네네츠 군인이라고 확신했지만 아들에게는 이에 대해 말하지 않기로 결심했다. 아들은 잠에서 깬 후 아버지가 없는 것을 알고 어머니에게 물었다.

"엄마, 아빠는 어디 가셨어요?"

"숲에 사냥하러 갔단다."

안심한 아들이 다시 잠이 들자 어머니는 아버지의 시신

을 숲으로 끌고 가 땅을 파고 묻었다.

얼마 후 의문이 생긴 아들이 다시 물었다.

"아빠는 어디를 그렇게 오래 가 계시는 거죠?"

"네 아빠는 숲에 있지. 사냥하면서 말이다."

그렇게 또 하루를 보냈다. 아침에 일어나니 아들이 다시 물었다.

"아빠가 왜 이렇게 숲에 오래 계시죠?"

이번에도 어머니는 아버지는 숲에 계시고 사냥을 하고 있다는 대답을 반복했다. 어머니의 미심쩍은 태도에 결국 아이는 아버지에게 무슨 일이 생겼다는 것을 눈치채고 말았다.

"엄마, 저에게 속이시는 게 있죠? 누가 아빠를 죽이거나 잡아먹은 거죠. 전 아빠 아들이니까 아빠를 찾으러 가겠어요."

"뭐하러 가니, 아빠가 제 발로 오실 텐데."

"아녜요, 그래도 갈래요. 엄마가 자꾸 숨기시잖아요. 사실을 말해 주지 않으면 제가 몸에 불을 살라 자살하겠어요."

그는 느릅나무 조각을 집어 들어 불에 넣은 후 자기 손에 갖다 대려 했다.

깜짝 놀란 어머니는 아들과 다투다 겨우 나뭇조각을 빼앗았지만 그럼에도 진실은 말해 주지 않았다. 얼마 후 아들은 외삼촌들을 찾아가 큰삼촌에게 눈물을 흘리며 말했다.

"삼촌, 제게 활을 만들어 주세요!"

큰삼촌은 흔쾌히 낙엽송과 자작나무를 묶어 활을 만들어 주었다. 그러나 밖에 나와 줄을 당기자 활은 망가져 버렸다.

아들은 이번에는 둘째 삼촌에게 갔다.

"삼촌, 활 좀 만들어 주세요!"

둘째 삼촌도 기꺼이 조카에게 낙엽송과 자작나무를 묶어 주었다. 하지만 마찬가지로 춤에서 나와 줄을 당기려 하니 활이 부러졌다.

마침내 아들은 막냇삼촌에게 갔다.

"활 좀 만들어 주세요!"

막냇삼촌은 쇳덩이, 망치, 펜치를 가져와서는 쇳덩이를 망치질해 활과 화살을 만들어 주었다. 뉴냠은 그 활과 화살을 받아 들고 춤에서 나와 길가에서 큰 낙엽송을 발견하고는 멀리 서서 조준해 명중시켜 나뭇조각을 떨어뜨렸다.

아들은 어머니께 돌아가 또다시 물었다.

"어머니, 아버지가 어디로 가셨나요?"

"네 아버지는 하구[36]에서 온 사람이 죽였단다."

---

36) 케트족이 말하는 하구는 예니세이 강 하구(河口)다.

그에 아들 뉴냠은 눈물을 흘리며 춤에서 나와 활시위를 팽팽하게 잡아당겼다.

"신이시여, 저를 도우소서! 제 화살이 아버지 무덤에 떨어지게 해 주소서!"

말이 끝나자마자 활을 쏘자 화살이 날아가 그의 아버지 무덤에 떨어졌다. 드디어 아버지 무덤을 찾아낸 뉴냠은 화살을 집어 들고 눈물을 흘리며 말했다.

"이제 하구의 그 원수를 찾아가야겠다. 화살로 그놈의 머리를 박살내 주지!"

무덤에서 몇 발자국 옮기자 하구 군인의 춤이 보였다. 적장은 뉴냠이 온 것을 알고 있었다. 그는 자신의 부하들에게 말했다.

"모두들 준비해라. 뉴냠을 향해 화살을 쏘는 거다!"

대장이 뉴냠에게 활을 쏘았다. 하지만 뉴냠은 그의 화살을 이로 물어 잡았다. 이번에는 뉴냠이 활을 쏴 자신을 둘러싼 적들을 도끼로 치듯이 죽였다.

그러자 대장이 갑옷을 입고 나와 뉴냠에게 말했다.

"우리 둘이 싸우자!"

그리고 뉴냠을 향해 재차 활을 쏘았다. 그러나 뉴냠은 그의 화살을 또다시 물어서 받아 내며 그에게 말했다.

"자, 봐라, 이제 내가 하지! 제대로 서 있어야 할 거야!"

뉴냡이 화살을 당기자 큰 농어처럼, 큰 그루터기처럼 뚱뚱한 대장이 쓰러지고 말았다. 그리고 뉴냡은 그의 아이들과 부인들을 죽인 후 어머니가 계신 집으로 콧노래를 부르며 돌아갔다. 쓰러진 큰 나무를 지나 어머니가 계신 집으로 흥얼대며 계속 걸었다.

벌레가 웅크리고 있는 것 같은 모습의 강에 도착해 그 강을 건너 호수와 마주했고, 호수를 건너 마침내 어머니의 집에 도착해 말했다.

"어머니, 이제야 아버지 원수를 모두 갚았답니다!"

## 샤신쿠시 이야기

샤신쿠시는 아버지와 살고 있었다. 어느 날 어머니와 샤신쿠시의 형과 아우가 숲으로 떠나 집에 없었을 때였다. 그의 할아버지 역시 집에 계시지 않았다. 그때 유라크인들이 전쟁을 치르기 위해 케트족의 땅에 쳐들어왔다. 그들은 샤신쿠시의 아버지는 죽였지만 다행히 숲에 가 있던 어머니와 그의 형제는 살아남을 수 있었다. 샤신쿠시 역시 운 좋게 살아남았다. 외삼촌들과 샤신쿠시의 형과 동생은 숲으로 도망쳤다. 할아버지와 그의 어머니는 샤신쿠시와 함께 숲에 몸을 피했다. 모두가 집에 돌아왔을 때 마을 사람들은 이미 모두 죽어 있었다. 그들은 그 후 사람들의 뼈를 묻어 준 자신들의 터전에서 쭉 살았다. 시간이 흘러 샤신쿠시는 무럭무럭 자라났다. 하루는 어머니에게 물었다.

"전 아버지 없이 태어났나요?"

"아버지 없이도 태어나는 사람이 세상에 존재하더냐?"

다음 날 그는 재차 같은 질문을 했고, 어머니의 답변도 한결같았다.

"누가 아버지 없이 태어날 수 있겠니?"

그렇게 하룻밤을 또 보냈다. 이번에는 다른 이야기를 꺼냈다.

"어머니, 저랑 놀아 주세요!"

그는 항상 어머니와 즐겨 놀고는 했다. 그러나 어머니는 거절했다.

"저리 가라, 너랑 놀 시간이 없어!"

그러자 그가 밖에 나갔다. 어머니는 이전에 그의 덧옷을 만들어 주었는데, 그는 춤에 그것을 가져와 말했다.

"손을 이리 주세요!"

그는 느릅나무 껍질로 어머니의 손목을 묶은 후 깔깔대고 웃어 댔다.

"어머니, 보세요, 제가 어머니 손목을 느릅나무 껍질로 묶었어요!"

그리고 불을 지펴 어머니의 손목에 불을 붙이기 시작했다. 어머니가 크게 놀라 물었다.

"너 지금 나를 불태울 셈이냐?"

"아니오, 불을 붙이지는 않을 거예요."

그러면서 그는 불을 가져와 느릅나무를 태우려 했다.

"어머니, 제가 정말 아버지 없이 태어난 자식인가요?"

"애야, 네 아버지는 유라크인들이 죽였단다. 우리가 네 삼촌들과 숲에 가 있는 동안에 말이다."

그에 아들은 불을 치우고 말했다.

"제가 예전에 물어봤을 때는 왜 말씀해 주지 않으셨어요?"

"두려웠단다. 넌 아직 어리고, 만약 네가 그놈들을 찾으러 간다면 나는 너를 죽일 거다."

하지만 용감한 그는 어머니에게 이렇게 말했다.

"제게 활을 만들어 주세요!"

그의 어머니는 결국 나뭇조각으로 그를 위해 활을 만들었다. 그러나 밖으로 나온 그가 활을 당기자 화살이 망가져 끊어지고 말았다. 그는 다시 어머니 옆에 와 앉았다.

"어머니, 활을 만들어 주세요!"

"네가 망가뜨렸잖니! 내가 기껏 만들어 줬더니 못쓰게 만들었어!"

"어머니, 화살을 만들어 주세요!"

"작은삼촌한테 가라. 삼촌더러 만들어 달라고 하렴!"

그는 맞은편 삼촌의 춤으로 가서 삼촌 옆에 앉았다.

"삼촌, 저를 위해 활을 좀 만들어 주세요!"

작은삼촌은 밖으로 나가 나무를 쪼개어 자작나무로 활을 만들고 뭉툭한 화살도 만들어 조카에게 건넸다. 샤신쿠시는 밖에 나가 활을 당겼으나 또다시 망가지고 말았다. 그는 활을 패대기친 후 집으로 돌아와 다시금 어머니 곁에 앉아 말했다.

"어머니, 활을 만들어 주세요, 활을 만들어 주세요, 활 좀 만들어 주시라고요!"

"삼촌이 만들어 주지 않은 거니? 네가 어디서 잃어버린 거 아니야?"

"제가 망가뜨려서 버렸어요. 어머니, 활을 만들어 주세요!"

"아이고, 샤신쿠시야, 네가 어떻게 나를 이렇게도 괴롭히니! 맞은편 큰삼촌 댁에 가거라!"

샤신쿠시는 맞은편 삼촌 댁에 가 나란히 옆에 앉아 말했다.

"삼촌, 저한테 활을 만들어 주세요!"

그러고는 끊임없이 졸라 댔다.

"삼촌, 활 좀 만들어 달라고요!"

그러자 큰삼촌도 밖에 나가서 활을 만들기 위해 자작나무를 쪼갰고, 구부리는 부분을 만들기 위해 낙엽송의 뿌리도 쪼개어 집으로 가져온 후 활과 촉이 있는 화살을 만들었지만 평범한 화살이었다.

샤신쿠시가 밖에 나가 활을 잡아당겼지만 이번에도 망가졌다. 그는 활을 던져 버린 후 집으로 다시 돌아왔다.

"어머니, 저를 위해 활을 만들어 주세요!"

"큰삼촌이 네게 활을 안 만들어 주던?"

"제가 망가뜨렸어요."

그는 어머니 곁에 앉았다.

"어머니, 활 좀 만들어 주세요!"

이번에도 지치지 않고 계속 졸라 댔다.

"저에게 활 좀 만들어 달라고요!"

"네가 그놈의 활 때문에 나를 괴롭히는구나. 내가 만들어 줬더니 네가 망가뜨렸고, 작은삼촌이 네게 만들어 줬는데도 네가 망가뜨렸잖니. 큰삼촌이 네게 만들어 줬는데 네가 또다시 망가뜨렸다. 대체 무슨 활이 필요하다는 거니? 할아버지한테 가 봐라, 할아버지께 만들어 달라고 하렴!"

그는 할아버지를 찾아가 나란히 앉아 말했다.

"할아버지, 활 좀 만들어 주세요!"

"얘 샤신쿠시야, 네가 활로 우리 가족 모두를 괴롭히는구나! 작은삼촌이 만들어 줬는데 네가 망가뜨렸고, 큰삼촌이 만들어 줬는데 네가 또 망가뜨려 버렸잖니. 맞은편 춤에 가서 삼촌들을 여기로 오라고 부르렴."

그는 할아버지가 시킨 대로 맞은편 춤에 갔다.

"할아버지가 오시래요!"

삼촌들이 할아버지 춤으로 왔다.

"왜 우리를 부르셨어요, 아버지?"

"나무를 해 오너라!"

삼촌들은 밖으로 나가 튀어나온 낙엽송을 잘라 왔다. 그러자 할아버지는 삼촌들에게 이번에는 진흙을 가져오라고 보냈다. 가져온 진흙으로는 용해로를 만들었다. 할아버지는 곧바로 쇠를 단련해 쇠 활과 쇠 활시위와 끝이 갈라진 화살을 만들었고, 단단한 쇠로 뭉툭한 화살도 만들어 주었다.

노인이 투덜대며 말했다.

“이렇게 멋진 활을 재를 위해 만들었다!”

샤신쿠시는 밖으로 나가 활을 잡아당기며 말했다.

“제가 딱 원하던 것이네요!”

낙엽송의 돌출된 부분을 향해 활을 당기자 마치 칼로 큰 나뭇조각을 벤 것처럼 쪼개졌다. 그가 할아버지에게 달려가자 할아버지께서 물었다.

“왜, 또 망가졌니?”

“아니요, 아니, 망가지지 않았어요. 제가 낙엽송에 쐈더니 마치 칼로 큰 나뭇조각을 벤 듯해요. 딸을 잃어 큰 슬픔에 빠진 할아버지를 찾아가서 그의 딸을 데려오겠어요.”

그러고서 활과 화살을 챙긴 후 어머니에게 물었다.

“아버지 갑옷은 어디 있나요?”

어머니가 앉아 생각해 보았다.

‘재가 내 손목을 느릅나무로 묶어 태울 뻔했지. 만약 내가 갑옷을 주지 않으면 다시 나를 괴롭힐 게 분명해.’

생각을 마친 어머니는 가서 갑옷과 투구 앞부분을 가져왔다. 그가 입어 보니 옷이 부족했다!

"갑옷과 투구 전부를 가져다주세요!"

어머니는 나머지 뒷부분까지 가져왔다. 그가 갑옷과 투구 전체를 입어 보니 꼭 맞아 몸을 움직이기가 수월했다. 그의 치수는 아버지와 똑같았다.

"딸을 잃어 얼마나 울었는지 눈물이 마른 노인을 찾아가 딸을 구해다 주겠어요."

그 할아버지의 춤이 있는 곳으로 떠난 샤신쿠시는 춤에 도착해 문을 열었다. 할아버지는 또다시 눈물을 흘리고 있었다. 눈물이 거의 한 바가지였다. 샤신쿠시가 할아버지 곁에 앉아 말했다.

"할아버지, 예전에 딸이 있지 않았어요?"

"유라크 군사가 마누라로 삼겠다면서 내 딸을 데려갔지."

샤신쿠시는 밖으로 나와 길을 걸었다. 한참을 계속 가다 보니 앞에 도끼로 쿵 하고 내리치는 소리가 들렸다. 그쪽으로 가 보니 한 여인이 순록을 타고 와 장작을 패고 있었다. 가까이 다가간 그는 등 뒤에서 도끼를 붙잡았다. 그러자 그녀가 놀라서 돌아보았다.

"샤신쿠시, 여기에 어떻게 온 거예요?"

"당신을 데리러 왔소."

"유라크인이 당신을 죽일 거예요!"

"나는 죽이지 못할 거요!"

그러고는 그녀 대신에 나무를 했다.

"이제 집으로 가시오, 당신 부모님이 집에서 기다리고 있소. 먼저 바늘꽂이를 가지러 다녀오기나 하시오."

그녀는 장작을 실은 순록 썰매를 타고 춤에 도착했다. 춤에서 바늘쌋이를 챙겨 자신의 품에 넣고는 샤신쿠시에게 돌아왔다. 샤신쿠시는 길을 따라 유라크인의 집으로 가다가 옆으로 굽은 나무에 앉아 그의 집을 자세히 보았다.

마침 유라크인은 집에 있었다.

"샤신쿠시가 내 마누라를 데리고 갔소!"

그는 사람들을 모아 부인을 찾으러 떠났다. 샤신쿠시가 다른 방향을 보니 순록이 가고 있었다. 저녁이 되어 사람들이 샤신쿠시가 있는 곳 가까이에 도착하자 샤신쿠시가 소리쳤다.

"여보게, 친구! 저기 좀 보게. 딱따구리가 뒤를 쪼고 있네!"

사람들이 뒤를 돌아보자 그때 샤신쿠시는 화살 한 발을 쏘더니 유라크인들을 모두 죽였다. 그러고는 자신의 화살을 가지고 여인에게 돌아갔다.

"자, 당신과 당신네 춤으로 가겠소."

둘은 함께 춤으로 향했다. 가면서 그녀는 멀리 떨어져 있었고 샤신쿠시는 유라크 노인들을 모두 나무로 만든 무기로 죽였다. 그런 후 다시 그녀를 불렀다.

"여기로 오시오!"

그녀가 다가와 유라크인들이 가진 것을 모두 챙기자 그는 순록을 몰았다. 그녀는 뒤에서 순록 썰매에 탔다. 그들은 눈물이 마르지 않은 노인에게 도착해 하룻밤을 보냈으며, 가진 순록의 반과 옷의 반, 순록 털로 만든 덧옷도 노인에게 주었다. 노인이 큰 소리로 외쳤다.

"내 목숨이 얼마 남지도 않았으니 이것으로 충분하오!"

그러나 둘은 노인에게 평생 필요한 모피 옷가지도 주었다. 그 후 샤신쿠시는 여인과 함께 유라크인들이 타고 갔던 순록을 타고 자신의 가족들에게 갔고, 막내삼촌에게 도착해 말했다.

"제가 삼촌을 위해 신붓감을 데려왔어요."

그는 삼촌에게 그녀를 주었다. 그들은 순록 털로 만든 춤을 세워 함께 살기 시작했다.

그런 후 샤신쿠시는 딸을 잃어 바다를 이룰 만큼 눈물을 쏟은 노인에게 가려고 했다.

"제가 그 노인의 딸을 데려올게요."

할아버지, 어머니와 큰삼촌이 말했다.

"네가 무슨 일을 하려는지 알고는 있는 것이냐!"

가족들의 만류에도 샤신쿠시는 길을 떠나 노인의 집에 도착했다.

"예전에 딸이 있지 않았습니까?"

"유라크 군사가 결혼한다고 데려갔소."

그 말에 샤신쿠시가 벌떡 일어나 그곳으로 갔다. 한참 걷다가 앞을 보니 한 여인이 장작을 패고 있었다. 그는 살금살금 다가가 뒤에서 도끼를 낚아챘다.

"샤신쿠시! 여긴 어떻게 오셨어요? 유라크인들이 당신을 죽일 거예요."

"조용히 하시오. 장작을 순록 썰매에 싣고 집으로 가시오. 부모님이 간절히 기다리고 있소. 그러니 바늘꽂이를 가져오시오!"

그녀는 장작을 실은 순록 썰매를 타고 춤에 도착했다. 춤에서 바늘꽂이를 챙겨 자신의 품에 넣고는 샤신쿠시에게 돌아왔다. 그는 유라크인들의 캠프 쪽으로 가서 굽은 나무 위에 올라갔다.

때마침 유라크 군사가 부인을 기다리다 지쳐 사람들에게 말했다.

"내 마누라가 어디 간 게야? 그녀를 찾으러 다녀오시오!"

유라크인들이 길을 나섰다. 그들은 그녀가 장작을 하러 다녔던 오솔길을 따라갔고, 곧 샤신쿠시가 앉아 있는 굽은 나무 가까이에 도착했다. 그때 샤신쿠시가 말했다.

"친구, 뒤 좀 돌아봐, 딱따구리가 뒤를 쪼고 있네!"

그리고 그가 화살을 당기자 풀이 옆으로 쓰러지는 것처럼 사람들 모두가 옆으로 쓰러졌다.

유라크 군사는 남아 있던 사람들과 길을 나섰다.

"아마 샤신쿠시가 이곳에 와서 내 사람들을 죽인 것 같네."

그는 사람들을 모아 출발했다. 샤신쿠시가 돌아보자 유라크 군사가 하천이 범람하는 곳에 서 있는 가느다란 버드나무가 흔들거리는 것처럼 가고 있었다. 유라크인이 근처에 도착하자 그가 말했다.

"친구, 뒤를 봐. 딱따구리가 뒤를 쪼고 있어."

유라크 군사가 고개를 돌리자마자 샤신쿠시는 활을 당겼고, 화살은 유라크 군사의 등을 관통해 앞으로 뚫고 나왔다. 그는 그곳에 있던 남은 유라크인들을 모조리 죽였다. 그러고는 노인의 딸에게 다가가 말했다.

"갑시다!"

그들은 오솔길로 가 유라크인들의 춤에 도착했다. 그는 유라크 여자들과 사람들을 죽이고 순록은 썰매에 묶었다.

여인이 앞서가고 샤신쿠시가 유라크인들의 순록을 몰았다. 노인에게 도착하자 순록의 절반과 유라크인들의 모피 제품인 덧옷, 외투, 춤 덮개 등을 그에게 나눠 주었다.

"이제 충분하오! 평생 필요한 것을 다 주었소. 가더라도 언제든지 자주 오시오!"

두 사람이 샤신쿠시의 집에 가자 샤신쿠시 가족들은 깜짝 놀랐다.

"유라크인들이 왔나 봐요!"

그녀는 순록을 풀어 주지 않고 샤신쿠시를 기다렸다. 곧 뒤에서 순록을 몰던 샤신쿠시가 도착해 그녀에게 다가와 말했다.

"왜 순록을 풀어 주지 않는 거요?"

가족들은 밖에 온 사람이 샤신쿠시인 것을 알고는 밖으로 나와 키스하며 말했다.

"샤신쿠시가 왔어요!"

샤신쿠시가 그녀에게 말했다

"맞은편 춤으로 가시오!"

그는 큰삼촌 춤의 입구에 도착하자 그녀에게 말했다.

"큰삼촌과 나란히 앉으시오. 이제 당신은 큰삼촌의 부인이 되었으니 저쪽에 앉으시오!"

그녀가 그쪽에 앉았다.

샤신쿠시가 그녀에게 말했다.

"큰삼촌을 위해 내가 당신을 구했소."

그러나 그녀는 처음에는 샤신쿠시가 그의 신붓감으로 데려온 것이라 생각했다.

샤신쿠시는 다시 떠나 딸을 잃어 하늘과 땅 사이를 메울 만큼 눈물을 흘린 노부부가 사는 곳을 찾아가, 영감님과 할머니 사이에 앉아 물었다.

"예전에 딸이 있지 않았습니까?"

"딸이 있었지. 하지만 유라크 병사의 우두머리가 결혼하겠다며 잡아갔소."

샤신쿠시는 그 소리를 듣자마자 밖으로 달려 나가려 했지만, 노부부는 그의 옷자락을 꽉 잡고 그를 보내 주지 않았다. 그러자 그가 노파의 등 뒤에 있던 춤의 골격 장대에서 큰 국자를 집어 들어 할아버지 무릎을 쳤다. 할아버지가 뒤로 자빠지자 그는 할머니의 무릎을 쳤고 할머니 역시 자빠졌다.

두 사람에게서 빠져나온 샤신쿠시는 유라크인의 춤에 갔다. 앞을 보니 여인이 나무를 하고 있었다. 그는 살금살금 다가가 뒤에서 도끼를 낚아챘다. 그녀가 뒤를 돌았다.

"당신 샤신쿠시 아녜요! 어떻게 여기까지 온 거예요? 유라크 대장이 당신을 죽일 거예요!"

"모르지요, 누가 누구를 죽일지! 그자가 나를 죽일지 아니면 내가 그를 죽일지. 장작을 집으로 가져가시오. 당신 부모님이 기다리고 있으니 가서 바늘꽂이를 가져오시오."

그녀는 집에 도착해 장작을 내려놓고 춤에 들어가 바늘꽂이를 품에 넣은 후 그에게 돌아왔다.

유라크 대장은 앉아서 부인을 기다렸지만 당연히 아무리 기다려도 그녀는 오지 않았다.

"내 바누라를 데려간 놈은 샤신쿠시가 분명하다. 그놈을 당장 잡아 오시오!"

명령을 내리고 부하들을 보냈다.

샤신쿠시는 굽은 나무에 올라가 그들이 오고 있는 곳을 바라보았다. 유라크 부대가 오고 있었는데, 이미 가까이 다가온 참이었다.

"어이 친구, 딱따구리가 뒤에서 쪼고 있어!"

유라크인이 뒤를 돌아보자 샤신쿠시가 그의 등에 화살을 쏘았다. 화살은 유라크인의 몸을 관통해서 그의 입으로 튀어나왔다. 샤신쿠시는 부대 모두를 박살냈다.

유라크 대장은 한참을 기다려도 부하들이 돌아오지 않자 집에 남아 있던 유라크인들을 모두 모아 데리고 갔다.

샤신쿠시는 여전히 굽은 나무에 앉아 있었다. 유라크 대장이 샤신쿠시에게 말했다.

"네가 내 마누라를 데려간 것이냐?"

"친구, 돌아보게, 딱따구리가 뒤에서 쪼고 있네!"

그가 돌아보자 샤신쿠시는 그의 등에도 화살을 쏘았다. 화살 한 개로 모두를 죽인 것이었다. 샤신쿠시가 여인에게 돌아갔다.

"내가 당신의 남편이었던 자를 죽였소, 이제 갑시다!"

두 사람은 유라크 야영지로 갔다. 그곳에서 샤신쿠시는 유라크인의 아이들과 여인들을 죽였다. 그녀는 유라크인들의 소유물을 잔뜩 모았고, 그동안 그는 순록을 몰았다. 여인이 순록 썰매에 전리품을 실은 후 두 사람은 다시 여인의 부모님께 돌아갔다. 노인의 춤에 도착하니 노인은 여전히 무릎 통증을 호소하고 있었다. 노파의 통증은 더 심각했다. 샤신쿠시는 노인에게 모피 덮개와 외투, 춤의 털 덮개, 순록도 나눠 주었다. 그러자 노인이 말했다.

"좋다, 충분하다! 평생 필요한 모피 옷가지를 주었으니 앞으로 우리와 함께 지냈으면 좋겠구나!"

하지만 두 사람은 샤신쿠시의 집으로 향했고, 도착하자 순록 썰매에서 내렸다.

"이제 물건을 가지고 우리 춤으로 가시오!"

그녀가 춤으로 물건을 가져가 부인의 자리에 내려놓았다.

"내 자리는 여기요!"

그녀야말로 그가 부인으로 맞이하고 싶은 사람이었던 것이다. 이후 두 사람은 오랫동안 행복하게 살았다고 한다.

## 이다트 노인의 딸

할아버지, 할머니와 일곱 명의 아이들이 함께 살고 있었다. 아이들 중 막내는 딸이었는데, 딸이 자라자 사람들이 끊임없이 구혼해 왔다. 그러나 노인은 누구에게도 딸을 주지 않았다.

어느 날 먼 지방에서 사람들이 노인을 찾아와 춤을 지어 밤을 보냈다. 아침에 딸이 솥을 가져와 노인의 춤 삼발이 옆에 내려놓았다. 노인이 보니 솥 안에는 상당히 많은 모피 옷가지가 있었다.[37] 노인은 부인에게 말했다.

"마누라, 이자들의 솥을 돌려줘요. 사람들이 우리 딸과 결혼하겠다고 다시 졸라도 나는 허락하지 않을 거요."

할머니는 솥을 돌려주고 집에 돌아와 자기 자리에 앉았다. 시간이 조금 지난 후, 신랑감의 어머니인 할머니가 솥을 들고 와 앉아 말했다.

"사돈 맺읍시다. 우리 아이들을 결혼시켜서 함께 살게 해 줍시다."

할아버지와 할머니는 잠자코 앉아 그 할머니의 말을 듣

---

37) 혼인을 성사시키기 위해 많은 선물을 한 것이다.

고 있었다. 이야기가 끝나자 할머니는 자기 집으로 돌아갔지만 솥은 삼발이 옆에 남겨 두었다. 노인이 아내에게 말했다.

"여보, 솥 치우시오. 그만하면 됐소, 난 사람들에게 지쳤소. 매번 딸을 달라고 하잖소! 이제 그만 딸을 줍시다, 그러지 않으면 우리 집에서 딸이 더 이상 버티지 못할 것 같소."

남자 쪽 사람들은 자기 집에 머무르며 솥이 되돌아오지 않은 데 반색했고, 노인들이 딸을 시집보내기로 결심했다고 확신하게 되었다. 신랑 측 부모가 노인의 춤에 아들을 데리고 오자 이다트 영감은 딸을 불러 물었다.

"너, 저 남자한테 시집갈래?"

"예, 갈게요."

그렇게 두 젊은이는 혼례를 올렸다. 신혼부부는 잠시 신부 집에서 살다가 시댁으로 가게 되었다. 노부부는 떠나갈 딸에게 덕담을 했다.

"어른들의 말을 잘 들어라. 특히 시댁 어른들의 말을 잘 들어야 한단다. 그러지 않으면 그 집에서 살기 힘들 수 있거든."

그들은 시댁으로 떠났다. 많은 시간이 흘러 노인들이 죽은 후, 오빠들에게 누이가 힘들게 살고 있다는 소문이 들려왔다. 남편이 그녀를 매일 때리고 가정 형편도 어렵다는 것이었다. 막내 오빠 실리케는 심장이 벌렁거렸다.

"내가 동생이 어떻게 사는지 보고 올게요. 진짜 어렵게 사는지 직접 제 눈으로 봐야겠어요!"

실레케는 활, 화살통을 챙기고 스키를 신은 후 누이를 만나러 길을 떠났다. 한참 가자 여섯 갈래의 갈림길이 나왔고, 그는 여섯 번째 길로 향했다. 곧 사람들이 지나가는 것이 보여 멈춰 살펴보았더니 한 여인이 길을 가고 있었다. 여인은 짐 썰매 대신 홈이 파인 배를 끌고 천천히 걸음을 옮기고 있었으며, 배에는 아이를 앉힌 채였다.

'바로 내 동생이 가고 있군.'

실레케는 옆으로 몸을 돌려 다람쥐 발자국을 쫓았다. 다람쥐는 나무에 폴짝 뛰어올라 조용히 앉아 있었다. 그는 다람쥐를 활로 쏘아 죽였다. 땅에 떨어진 다람쥐를 집어 들고는 여동생의 뒤를 계속 쫓아갔다. 그가 휘파람을 불자 동생이 뒤돌아보았고, 오빠를 알아보고는 울기 시작했다.

"실레케 오빠, 여기 왜 왔어요, 사람들이 죽일 텐데."

실레케는 아이에게 다람쥐를 주고 자신은 배를 끌었다. 한참 가자 날이 어두워졌다. 어디선가 도끼를 내리치는 소리가 들려오자 그는 멈춰 서서 여동생에게 말했다.

"나는 여기 남을 테니 네가 앞으로 먼저 가라. 뭘 하는지 좀 들어 볼게."

그녀가 남편의 춤에 도착하자마자 남편은 욕설을 퍼부었다.

"여편네가 어디 있다 지금 온 거야. 왜 이렇게 오래 있다 온 거냐고?"

그녀는 잠자코 물건을 춤으로 끌고 왔고, 아이는 울어 댔다.

"엄마, 실레케 삼촌이 죽인 내 다람쥐 어디 있어요?"

그러자 남편이 다람쥐를 낚아채 때리며 소리를 질렀다.

"다른 남자가 너에게 다람쥐를 잡아 주었구나! 대체 실레케가 여기 어떻게 온 거야?"

그때 다른 춤에 있던 노인들이 요란한 소리를 듣고 고함을 쳤다.

"자네 무슨 짓을 하나. 왜 그렇게 사람을 계속 때리는 거야?"

그 소란을 들은 실레케는 스키를 벗고 춤으로 달려가 여동생의 남편을 붙잡았고, 그의 머리채를 낚아채 눈 위에 던져 버렸다. 사람들은 크게 놀라며 실레케의 여섯 형제가 모두 왔다고 생각했다. 실레케는 도끼를 들어 여동생의 남편 배에 내리쳐 그를 죽이고, 아이를 썰매에 태워서 누이와 함께 고향으로 돌아왔다.

## 카시케트와 예로호트 할아버지 이야기

예로호트 할아버지가 할머니와 함께 예니세이 강가에서 살고 있었다. 할아버지와 할머니는 물고기도 잡고 다람쥐 사냥도 하며 지냈다. 그러던 어느 날 어디에선가 고아 카시케트가 그들을 찾아와 말했다.

“할아버지, 저는 할아버지의 손자가 되고 싶어요.”

예로호트 할아버지가 할머니에게 말했다.

“이제 우리에게도 손자가 생겼구먼.”

“영감, 그러면 이제 우리도 조금 편안해지겠네요.”

얼마쯤 시간이 흘렀다. 할아버지는 사냥을 나서면 항상 다람쥐를 잡아 왔다. 카시케트도 사냥을 나섰지만 아무것도 잡지 못한 채 늘 빈손으로 돌아왔다.

할아버지가 할머니에게 말했다.

“카시케트는 대체 어디를 다니는 거야? 다람쥐를 한 번도 잡아 오지 못하잖아. 내가 그 녀석의 뒤를 밟아야겠어!”

할아버지가 카시케트를 따라가 보니 카시케트는 사냥은 하지 않고 불가에 멍하니 앉아 있기만 했다.

“사냥은 무슨!”

할아버지는 집에 돌아와서 할머니에게 말했다.

"이봐, 카시케트가 왜 빈손으로 오는지 알겠어. 그 녀석이 말이야, 하루 종일 불가에 앉아만 있더라고."

할아버지와 할머니는 오랫동안 생각에 잠겼다.

"할멈, 우리가 카시케트를 얼마나 데리고 살았지?"

"영감, 우리 아이를 어디다 버리시게요?"

바로 그때 카시케트는 밖에서 노인들의 대화를 엿듣고 있었다.

할아버지가 할머니에게 말했다.

"아무 길에다 버리고 옵시다."

할머니는 반대했다.

"그런데 카시케트가 요상한 구석이 있어서 쉽지 않을 텐데요."

그러자 할아버지가 말했다.

"단순히 생각하자고. 내일 함께 나가서 정신없이 돌아다녀 보는 거야."

카시케트는 그 대화도 모두 들었다.

다음 날 아침 할아버지와 할머니는 주머니에 먹을 것을 두둑이 챙겼다. 할아버지가 말했다.

"카시케트, 같이 나가자꾸나!"

카시케트가 알았다고 대답하자 할아버지와 할머니는 외투를 걸치고 밖으로 나갔다.

할아버지와 할머니가 잠시 보지 않을 때, 카시케트가 땅바닥에 엎어지더니 족제비로 변신해 노인들의 자루에 뛰어들었다.

할아버지와 할머니는 한참 동안 걸었다. 카시케트가 살짝 움직이자 할머니가 할아버지에게 말했다.

"영감, 자루에 뭐가 들어 있는 것 같아요. 무슨 소리가 들려요."

할아버지가 대답했다.

"쓸데없는 소리, 새들이 지저귀는 소리겠지."

다시 한참을 걷고 있다가 할머니가 또 말했다.

"혹시 카시케트가 낸 소리가 아닐까요?"

할아버지가 대답했다.

"걔는 우리가 버리고 왔잖아."

그러고는 할아버지는 위쪽을 바라보았다. 할아버지와 할머니는 그곳에서 밤을 보내기로 했다.

할아버지가 말했다.

"자, 차 좀 끓여요. 우리가 드디어 카시케트란 놈을 해치웠네. 할멈, 자루 좀 이리 줘 봐."

할머니가 대답했다.

"주머니가 왠지 무거워진 것 같아요!"

그리고 할머니가 주머니를 풀자 그곳에서 반짝반짝 빛

나는 카시케트의 조약돌 같은 눈이 튀어나왔다.

할머니는 너무 놀라 몸을 덜덜 떨었다.

"영감, 우리가 하루 종일 어깨에 카시케트를 메고 다녔네요."

할아버지와 할머니는 차를 마시며 생각에 잠겼다.

'기다려 봐라. 내가 어떻게 해서라도 저놈을 버리고 말겠어.'

그러나 카시케트는 혼자 코웃음을 쳤다. 그는 할아버지의 생각을 꿰뚫어 볼 수 있었기 때문이다.

날이 어두워지자 할아버지가 할머니에게 말했다.

"절벽 가까이에 누웁시다!"

할아버지와 할머니는 카시케트를 가장 끝자리에 뉘고 자신들도 자리에 누웠다.

"할멈, 조용히 누워!"

할아버지는 잠이 들었지만 카시케트는 잠을 자지 않고 기다렸다. 할아버지는 몹시 피곤했던지 곯아떨어지더니 곧바로 코를 골기 시작했다. 그러자 카시케트는 조용히 일어나 할아버지를 낭떠러지로 밀어냈다. 강물에 떨어진 할아버지는 물살을 따라 떠내려갔다. 카시케트는 할머니에게 바짝 다가가서 다시 잠들었다. 물소리를 듣고 뒤늦게 깬 할머니는 어둠 속에서 카시케트를 알아보지 못하고 흔들어 깨우며 말했다.

"영감, 카시케트가 물속에 빠졌나 봐요!"

카시케트는 웃음을 겨우 참았다.

다음 날 아침 할머니는 일어나 차를 끓였다.

"이봐요, 영감, 어서 일어나요, 일어나!"

할아버지 대신 카시케트가 일어나자 할머니는 너무 놀라 할 말을 잃고 그를 빤히 쳐다보고만 있었다.

"아니, 너는 카시케트가 아니냐! 이게 어떻게 된 일이니! 그래도 영감을 보내고 네가 살아남은 건 참 다행이구나."

그 이후로 카시케트는 할머니와 단둘이 살게 되었다.

## 빌게트

케트인들과 유라크인들은 수일간 싸웠다. 케트인들이 거의 대부분 죽고 케트족 대장도 죽은 가운데 케트족 대장의 부하들만이 버티고 있었다.

그사이 유라크 대장은 순록을 타고 케트족 야영지로 내려가 케트 대장의 부인과 두 아이를 납치해 순록에 태운 후 고향으로 데려갔다.

얼마 후 전쟁은 끝났고, 유라크 대장은 케트 부인들과 함께 살았다. 그 후 시간이 흘러 어느덧 케트족 아이들은 자라 밖에서 유라크 아이들과 놀게 되었다. 케트족 아이들은 종종 유라크 아이들을 울리곤 했다. 케트 대장의 아이들이 더 영민했기 때문이다.

하루는 한 유라크 노인이 그들에게 말했다.

"너희 고아들은 왜 조용히 있지를 못하느냐. 너무 야단법석을 떠는구나!"

그러면 케트족 아이가 받아쳤다.

"어떻게 우리가 고아예요, 우리 아버지가 멀쩡히 살아 계신데!"

그렇게 지내다 보니 어느새 케트 아이들은 청년이 되었

다. 케트 부인에게도 유라크 남편과의 사이에 아들이 태어났다.

케트 대장의 장남 빌게트는 유라크인 또래들과 화살로 과녁을 쏘며 놀았는데, 그가 매번 그들보다 민첩했다. 그러자 어느 날 유라크 노인이 또 빌게트에게 말했다.

"너는 부모가 없는 놈이니깐 좀 얌전하게 굴어라. 유라크 아이들이 너를 괴롭힐 것이야."

"제가 왜 부모 없는 놈이에요? 바로 저기 우리 아버지가 앉아 계신데요."

그러면서도 한편으로는 의구심을 가진 빌게트는 동생을 따로 불러냈다.

"저 영감이 우리를 자꾸 부모 없는 놈이라고 부르는 것이 이상하지 않니?"

"빌게트 형, 형은 저 사람들과 안 닮았어. 저 사람들은 모두 광대뼈가 두드러졌잖아. 봐 봐, 엄마도 저 사람들과 안 닮았고."

"그럼 강가에 다녀오자, 우리 얼굴이 물에 어떻게 비치는지 보게!"

두 청년은 강가로 가서 강물에 비친 얼굴을 오랫동안 바라보았다.

"진짜 유라크인들은 우리랑 다르게 생겼네."

집으로 돌아온 그들은 유라크 아버지가 나가고 없자 어머니에게 물었다.

"어머니, 우리가 어떻게 유라크인들에게 오게 된 거죠?"

"아들아, 우리는 오래전부터 저들의 사람이었단다."

빌게트가 반박하며 말했다.

"아니에요, 엄마는 저 사람들과 안 닮았고 우리도 전혀 다르게 생겼어요. 어머니, 할아버지가 말했어요. 우리가 부모 없는 놈이라고."

"그 노인네가 쓸데없는 소리를 한 거란다."

그 말에 안심한 빌게트는 밖으로 나와 전처럼 유라크 또래들과 놀기 시작했다. 항상 그랬듯이 그는 화살로 과녁 정중앙을 맞혔다.

그러자 한 유라크 아이가 화를 냈다.

"이 부모 없는 놈들을 우리 노는 곳에서 꺼지라고 하자!"

빌게트가 곧장 어머니에게 달려갔다.

"어머니, 말해 주세요. 우리는 아버지가 없는 거예요?"

"애야, 앉아라. 우선 진정하고! 대체 어떤 아버지 얘기를 하는 거냐?"

빌게트는 계속 질문을 하며 어머니를 귀찮게 했다.

"말해 주세요!"

"애야, 이젠 지겹구나! 네 진짜 아버지는 유라크인들과 전쟁하던 중에 전사하셨단다.”

이야기를 들은 빌게트는 마음을 가라앉히고 더 이상 어머니를 성가시게 하지 않았다.

그 후 겨울이 왔다. 바야흐로 유라크인들이 사냥을 떠나는 시기였다. 빌게트는 멀찌감치 숨어 있다가 유라크 아버지의 뒤를 쫓아 그의 행로를 따라갔고, 숲 속에 눈으로 된 춤을 지었다.

유라크 아버지는 항상 다니던 길에 생긴 자신의 스키 자국을 따라 돌아왔다. 그러던 어느 날 유라크 아버지가 스키 자국을 따라 가자 그의 개가 앞으로 달려 나갔다. 개는 잠시 멈추더니 겁을 먹은 듯 끙끙대며 짖었다. 그에 아버지는 개의 엉덩이를 걷어차며 말했다.

“누구라도 발견한 게냐?”

빌게트는 그사이 아버지의 옆구리를 향해 활을 쏴 죽이고 야영지로 내려왔다.

“어머니, 제가 어머니의 유라크 남편을 죽였어요.”

“아이고, 얘야, 이웃 사람들이 알게 되면 너는 죽은 목숨이다!”

“제가 그 사람들을 가루로 만들어 버리겠어요!”

빌게트는 창을 들고 뛰어나가더니 유라크인들의 춤으로 들어가 그곳에 있는 사람들을 모조리 창으로 찔러 죽였다.

유라크인들은 눈만 껌뻑거릴 뿐 그 누구도 밖으로 도망칠 생각을 하지 못했다. 야영지에는 상당히 많은 춤이 있었으나 빌게트는 유라크인의 춤에만 들어가 모두를 죽였다. 그러고 나서는 어머니에게 돌아와 물었다.

"저희 고향은 어디에 있죠?"

"얘야, 그곳은 여기서 아주 멀리 떨어져 있단다."

"유라크인들의 순록을 데리고 가면 되잖아요!"

어머니는 순록을 잡아매고 유라크 남편 사이에 낳은 아들을 데려갔다.

빌게트가 어머니에게 말했다.

"그 애는 버리고 가요, 어머니!"

"그래도 내 아들인데 불쌍하잖니!"

그러자 빌게트는 아이를 집어 들어 땅에 내동댕이쳤다. 결국 그들은 순록의 등에 올라타고 고향으로 떠났다. 한참 가자 드디어 고향에 도착했다.

빌게트는 어머니에게 물었다.

"아버지의 갑옷은 어디에 있죠?"

"내가 땅속에 묻어 두었단다."

그녀는 잠시 땅속을 뒤져 보더니 갑옷을 발견했다. 빌게트가 아버지의 갑옷을 입자 제 옷처럼 꼭 맞았다.

"어머니, 아버지한테 형제가 있었나요?"

"네 아버지는 동생과 살았지. 하지만 동생도 죽었단다. 전쟁터에서 유라크인이 죽였거든."

빌게트가 물었다.

"그 유라크인은 살아 있나요, 아니면 죽었나요?"

"살아 있긴 한데 이미 늙었지."

"어디에 살고 있죠? 제게 말해 주세요!"

"산 너머 저쪽에 큰 호수가 있지 않니. 그 호숫가에 살고 있을 게다."

"어머니, 제가 거기에 다녀올게요."

"아들아, 유라크인들이 널 죽일 수도 있어!"

"아니에요, 저는 못 죽일 거예요."

그러고는 동생에게 말했다.

"가자!"

어머니는 빌게트의 옷자락을 잡아당기며 보내지 않으려 했지만, 그가 옷자락을 자기 쪽으로 잡아당기자 어머니는 넘어지고 말았다.

끝내 길을 떠난 빌게트와 동생은 얼마 후 기슭의 암석을 지났고, 조용히 호수 끝으로 발걸음을 옮겼다. 빌게트가 앞을 보니 모래사장에 춤이 있었다. 빌게트가 동생에게 말했다.

"너는 멀리 숲 속에 숨어 있어라!"

빌게트는 춤에 조용히, 또 조심스레 살금살금 다가갔다. 춤 근처의 가로 기둥에는 건어물이 많이 걸려 있었고, 기둥에는 개가 묶여 있었다. 그는 활 끝에 건어물을 끼워 개에게 던져 주었다. 그러자 개는 짖는 것도 잊은 채 건어물을 먹기 시작했다.

빌게트는 문 쪽으로 살금살금 다가가 활 끝으로 문을 슬쩍 밀었다.

"할아버지, 잠에 푹 빠지셨군! 저는 삼촌의 원수를 갚으러 왔소."

할아버지가 일어나 활을 잡기도 전에 빌게트의 화살이 그의 가슴에 명중하고 말았다.

빌게트는 할아버지의 딸에게 물었다.

"당신네 사람들은 어디 있소?"

"다른 사람들은 큰 호수 위쪽에 살아요."

빌게트는 그녀에게 말했다.

"그들에게 전해 주시오, 내가 지금 이곳에 있으니 싸울 준비를 해서 이곳으로 오라고요!"

그러고는 동생에게 돌아갔다. 두 사람은 호수 아래쪽에서서 그들을 기다리기 시작했다.

잠시 후 유라크인들이 모습을 드러냈고, 호수 맞은편에 멈추어 섰다. 바로 그때 어디선가 검은 딱따구리 한 마리가 날아왔다. 빌게트가 딱따구리를 쏘자 화살에 맞은 딱따구리는 호수 한가운데에 그대로 떨어졌다.

그 모습을 본 유라크인들은 놀라 말문이 막혔다.

"기가 막히네, 대단하군! 당신은 혼자라 우리가 싸울 수는 있겠지만 이제 그럴 마음은 전혀 없소."

"이렇게 빨리 포기하다니!"

"우리는 돌아가겠소."

"원하시는 대로 하세요."

빌게트는 동생과 춤으로 돌아와서 어머니를 찾아보았지만 춤에는 계시지 않았다. 대신 형제는 밖에서 땅에 얼굴을 대고 꿈쩍도 하지 않은 채 누워 있는 어머니를 발견했다. 빌게트가 다가가도 어머니는 미동도 없었다. 그녀를 들어 올려 흔들면서 두 형제가 한목소리로 크게 소리치자 그제야 어머니는 몸을 떨며 눈을 떴다.

"아, 아, 내가 아주 깊은 잠에 빠졌나 보구나!"

빌게트는 어머니를 춤에 데리고 들어갔고 어머니와 함께 이곳에서 오랫동안 살았다고 한다.

# 해 설

한 민족의 세계관과 가치관, 삶과 생활 방식을 조명할 수 있는 설화는 민족의 고유성과 상대성을 담보하는 문화유산이다. 최근 원형 스토리 연구의 중심으로 부상하고 있는 시베리아는 척박한 지형학적 요인, 기후 조건, 언어적 장애를 이유로 등한시되어 왔지만 한국 문화와의 인접성을 고려해 볼 때 중요한 지역임에 틀림없다.

역자가 우리와는 전혀 다른 문화와 전통을 갖고 있는 시베리아 소수 민족인 케트족 설화를 번역하게 된 것은 한국연구재단의 2012년 토대연구사업 선정이 계기가 되었다. 우리나라에서 처음으로 소개될 케트족 이야기는 20세기 중반 언어학자들과 민속학자들이 발굴, 수집한 구전동화들이 실려 있는 러시아어로 된 최초의 ≪케트족 민담집≫(1966년, 톰스크대학 출판사, 둘존)과 2001년에 케트어에서 러시아어로 번역 출간된 ≪케트족 신화, 전설, 민담≫(2001년, 동방문학, 알렉세옌코)을 원전으로 하여 참조했다. 이 책에서는 위 원전의 설화 중 한국 독자들의 흥미를 불러일으키기에 충분한 작품을 엄선하여 번역했다.

케트('사람'을 뜻함)족은 크라스노야르스크 북부 지방에 거주하는 시베리아 소수 민족으로 1920년대부터 케트족으로 불리기 시작했다. 인류학자들은 케트족이 청동기시대에 오비 강과 예니세이 강 남쪽에 거주하던 남 시베리아 유럽인과 몽골의 특성을 갖고 있는 고대 몽골인의 통혼의 결과 생겨난 혼종민족으로 추정하고 있으나, 민속학적으로 케트족은 유럽인과 몽골의 특성이 공존하는 우랄 민족 계통에 속한다.

이들의 조상은 남 시베리아 지역을 중심으로 예니세이어족인 아린족, 아산족, 야린족, 틴족, 바흐틴족과 코트족과 함께 살았다. 몇몇 사료에 따르면 기원 1000년 전 투르크족, 사모예드족, 위구르족과 교류를 시작했고 여러 차례에 걸친 이주를 통해 예니세이 강 북쪽에 자리를 잡게 된다. 특히 카누 강에는 코트족, 안가라 하류의 강가에는 아산족이, 크라스노야르스크 지역의 예니세이 강에는 아린족이, 그 위로 야린과 바이코트족이 살았다. 일부 케트족은 9~13세기에 북부 지방으로 떠나 예니세이 강 중류에 정착했다. 이곳에서 한트족과 셀쿠프족, 그 후로 예벤키족과 교류하면서 케트족의 독자적인 문화를 형성하기 시작했다. 러시아인들이 침입하기 전까지 케트족은 이미 야금술에 능숙한 씨족사회를 이루고 살았다. 러시아에 편입된 것은 시기는 1607년으로, 점차 북쪽으로 이동하면서 이웃 민족인 셀쿠프족과 예벤키족과 족외혼 풍속을 이어받아 현재의 명맥을 유지하고 있다. 현재 대다수의 케트족은 크라스노야르스크 지방의 서쪽 지역으로 이주해 투루한스크 지역과 예니세이 강 하류와 포드카멘나야 툰구스카 강 하류에 거주하고 있다. 이 외에도 예니세이강 지류인 옐로구이, 수르구티하, 파쿨리하와 쿠레이카 지역에 소규모 집단을 이루며 살고 있다. 러시아 연방에서 독립된 영토를 갖고 있지 못한 열아홉 개 시베리아 원주민 중 가장 극소수 민족인 케트족은 러시아 민족별 인구조사에 따르면 2002년에는 1494명이, 2010년에는 1219명이 생존하여 민족 자체의 명맥을 유지하기 어려우며 케트어 모국어 사용자 수도 현격하게 줄어 사라질 위기에 처해 있다.

케트족이 사용하는 케트어는 현존하는 예니세이어족의 유일한 언어다. 다른 친족어인 품포콜어, 아린어, 아산어는 18세기와 19세기에 그 사용자들과 함께 사라졌다. 예니세이어족이 아디게어와 압하지아어, 체첸어와 인구세티어가 속해 있는 나흐어와 티벳어와 연관이 있다는 가설도 존재한다. 2002년을 기준으로 크라스노야르스크 지방에 살고 있는 케트족 중 30%만이 케트어를 사용할 수 있다. 케트어는 북케트어, 중앙케트어와 남케트어의 방언으로 나눠지며 실제로 그 언어 간의 차이는 크지 않은 것으로 알려져 있다. 1930년 라틴 문자를 기반으로 하는 케트어 알파벳이 만들어졌으나 1980년대에 와서는 키릴문자로 바뀌었다. 이 시기를 기점으로 케트어에 대한 연구가 본격적으로 시작되었는데, 그중에서도 특히 타 언어에서 찾아볼 수 없는 케트어의 동사 체계의 특성은 크레이노비치, 둘존과 스타로스틴, 베르네르와 같은 학자들에게 언어학적 연구 대상으로 지금도 큰 관심을 끌고 있다.

케트족의 외모는 본래 검은 머리, 누런 살갗, 작은 체구를 특징으로 하지만 러시아인들과의 통혼으로 인해 하얀 피부, 푸른빛의 회색 눈, 갈색 머리와 매부리코와 같은 서구 유럽 인종의 특성을 갖기도 한다.

그들의 주요 생업은 수렵과 어로인데 사냥을 통해 잡은 포획물은 모피 가공의 대상이 되었다. 그중 다람쥐는 약 80%를 차지했고, 그 외에 족제비, 여우, 검은담비, 야생 사슴 등을 사냥하여 털은 내다 팔고 토끼, 곰, 야생 사슴과 큰 사슴의 고기는 자신들의 몫으로 남겨 두었다. 사냥 무기는 전시와 마찬가지로 활과 화살을 사용했다. 17세기경 남부 지방에 살았던 케트족 일부는 농사를 지으며 말과 가축을 소유했고 또 철광석을 녹여 철을 생산하는 기술을 갖고 있었다.

케트족의 전통 가옥으로는 춤과 제믈랸카가 대표적이다. 춤은 여름용 가옥 형태로 순록의 가죽이나 자작나무 껍질과 장대를 이용하여 만든 원뿔 모양의 전통 천막집이며 또 다른 주거 형태인 제믈랸카는 가을부터 겨울을 지내기 위한 가옥으로 땅을 파서 흙으로 두른 원시 난로를 설치한 통나무 오두막집인데 두세 가족 이상이 함께 지내기도 한다.

한편, 케트족의 전통 의상은 남부 시베리아의 전형적인 옷차림으로, 몸에 두르는 코트, 부드러운 순록 가죽 장화, 추운 겨울에는 머리 보호 장비로 쓰이는 두건 등이 있다. 의복은 혁명 전까지 주로 구매한 천과 나사(羅紗)를 기워 입었고 때로는 가축 사슴이나 야생 사슴의 가죽을 활용하기도 했다. 여름용 남성 의류는 반팔과 무릎까지 오는 나사로 만든 오른쪽에서 왼쪽으로 몸을 감싸는 할라트(긴 웃옷)가 있다. 남자들은 바지에 무릎까지 오는 털 스타킹을 신고 가죽 신발인 치르키를 신고 다녔다.

케트족의 토착 신앙의 근간은 샤머니즘과 물신숭배의 애니미즘이다. 그들은 세계가 신에게 속한 천상 세계, 인간 세계인 지상 세계와 지하 세계로 나뉘며 악령과 천사가 공존한다고 믿었다. 케트 신화에서 최고의 선의 근원은 천상의 신 예시이며 악의 근원은 지상으로 쫓겨난 예시의 부인

호세담이다. 예시는 천지를 창조한 창조자이자 최고의 신이다. 그는 바다 밑바닥에서 흙을 끌어 와 육지를 만든 후 모든 강을 손가락으로 그려 창조했다고 한다. 또한 케트족이 사냥할 수 있도록 사슴, 토끼 등 짐승과 짐승을 쉽게 잡을 수 있도록 눈을 지상으로 보낸 것도 그의 작품이다. 그의 부인인 악의 근원 호세담은 천지가 창조된 태고에는 천상세계에서 예시와 함께 살았지만 그들의 장남이 예시의 말을 듣지 않고 사냥을 떠나 얼어 죽자 남편을 떠나 지상으로 내려오게 된다. 이후 예시와 호세담은 적대적인 관계를 유지하며 서로에게 해를 입힌다. 사람이 죽으면 그의 영혼은 인간의 형상을 하고 있지만 신성인 예시에게 찾아간다고 한다. 예시는 항상 흰옷을 입고 있으며 이따금 인간의 문제를 직접 해결하기 위해 지상으로 내려온다고 전해진다.

러시아의 동진정책으로 시작된 러시아인들의 시베리아 진출은 원주민의 옛 전통과 문화, 의식뿐 아니라 종교에도 변화를 가져왔다. 다른 시베리아 소수 민족들과 마찬가지로 케트족도 그리스 정교를 받아들여 세례를 받았다.

다른 시베리아 소수민족에서도 발견되는 곰 축제는 곰에 대한 경외심에서 출발한다. 샤머니즘을 신봉하는 민족 특성상 케트족은 오랜 기간 곰을 숭배하여 곰을 직접 부르는 것을 불경하게 여겨 '숲의 주인'이라 완곡하게 표현했다.

케트인에게 곰은 가족 중에 죽은 사람이 환생한 동물로 여기며 설화에서 곰은 인간(주로 고인)과 동일시하는 장면을 자주 찾아볼 수 있다. 비록 곰이 식량 조달을 목적으로 한 사냥의 대상이었으나 곰을 죽여도 먼저 제사를 치르고 뼈를 묻어 주는 등 곰을 신성시하는 풍습은 곰 축제로까지 발전하게 되었다. 곰 축제는 죽은 곰의 영혼을 달래어 숲으로 돌려보내는 기도와 친족들의 수렵과 어로의 번창을 빌며 죽은 친척들에게 올리는 제사의 기능을 한다. 또한 마을 사람들은 곰 고기를 나누며 이웃 간의 친목의 기회로 삼는다.

# 옮긴이에 대해

홍정현은 한국외국어대학교 노어과를 졸업하고 모스크바 대학교에서 석사학위(품사적 범주로서 대명사 특성 연구)와 박사학위(현대 러시아어 부정대명사의 텍스트론적 기능)를 받았다. 경희대학교 비교문화연구소에서 러시아 여성문학과 미드컬트를 연구했고 청주대 한국문화 연구소에서 북아시아 원형스토리 발굴과 번역 프로젝트 팀에서 연구원으로 활동했으며 현재 한국외대, 을지대 등에서 러시아어를 강의하고 있다. 역서로는 ≪러시아 여성의 눈≫(공역), ≪러시아 추리작가 10인 단편선≫(공역)과 ≪북아시아 설화집 6(투바족, 하카스족)≫ 등이 있다.

# 시베리아 설화집 전체 작품 목록

한국에 처음 소개되는 시베리아 설화다. 시베리아와 극동 제 민족의 설화를 연구하는 연구자들뿐만 아니라 평소에 시베리아의 신화, 전설, 민담에 관심을 가진 독자들에게 유용할 것이다. 총 43개 부족의 1017편 이야기다.

**야쿠트인 이야기**

곰과 여우
오리와 검독수리
누가 일출을 처음으로 보는가
수말과 황소
차아차하안 차아차하안
타알 타알 노파
리이바라
니이이 니이이 할멈
촙쵸요쿄욘 촙쵸요쿄욘
다섯 마리 암소를 가진 베이베리케옌 할멈
슬라브니 유데유이옌
자야치 흐보스트
테옐레이 할멈
늑대와 노인
영리한 개
오노고스토온 추오카안과 올로온 돌로온
가난한 농부
암소 세 마리와 아내 셋을 가진 노인 테예프 테예프
영리한 처녀
투툼 튜요케이
고대 용사와 전투에 대한 이야기

**예벤키인 이야기**

빠꾸기
백조와 까마귀
멧닭과 백조
곰과 붕어
여우와 모캐
여우 출랸
은혜 갚은 곰
토끼 자매
식테흐 신겔툰
개가 털옷을 입게 된 사연
자작나무에서 태어난 소녀
지하세계에 간 남자 1
지하세계에 간 남자 2
차르치칸
천상세계에 갔다 온 남자
토끼를 속인 할아버지
소년과 까마귀
백조에게 아들을 빼앗긴 아버지
똥에 빠져 죽은 할아버지 할머니
예벤키 남자와 뱀
치나나이
아카라모와 이불 형제
슬기로운 청년
두 형제
모험을 찾아 떠난 청년
비켈리디운
료하
움나
우차나이
헤누키찬
불화의 언덕
예벤키 사람들이 순록을 키우게 된 이유
세 형제 무사
어린 무사
우냔니와 코렌도
옙카찬
무춘노이와 뵤르콜툰 형제
식토불
나라불
누르고불
누르가울
초로
소두 소르돈초 솔다니
킬리디나칸
중간세계의 우무스닌댜
차갈라이 차쿨라이
무사 볼론투르
하니 후분과 호호르 보그도
온기닐
우리얀과 몰리나
오란
디긴
어느 노부부의 오만방자한 아들
난쟁이 무사
캅탄디르
만기 됴롬고
유라키 사람들
식인 출루그디
난드리와 털보

이쵸그디로
식인 청년과 결혼한 아가씨
샤먼, 들꿩 그리고 식인
구리불과 식인 형제
네멜론

## 유카기르인 이야기

외로운 청년
개의 수호신들
땅의 주인
북극여우와 곰
토끼의 꼬리가 없어진 이유
셈테네이 노인
토끼
여우 이야기
야생 북극암사슴
솥단지 비슷한 썰매를 타고 다니는 사람들
라마도
옛사람들의 소녀
도르부
아낙네
도부레
구슬 턱수염 노인
욕심 사나운 노인
스라소니가 토끼를 잡아먹는 이유
하바타
마체칸
욕심 사나운 아낙네
'늙은이'라는 별명의 할아버지 나무
미끼 사슴을 데리고 하는 사냥
키르체아나
토로하
숙부-아버지의 아이
방탕한 여자
불구자
테베게이
얼음 구멍 속의 아낙네
로시야, 로시야, 긴, 긴, 긴
부르는 주문

## 돌간인 이야기

들꿩과 농어의 전쟁
노인과 토끼들
청년 황제와 농부의 딸
여자와 곰
백조로 변한 샤먼들
대지의 주인 영혼
대머리 청년
외눈박이 아가씨
온통 털로 덮인 사람들
작은 천막의 불꽃
리이피르다안
고아 형제
세 형제
흰올빼미
꾀 많은 여우
새와 동물의 전쟁
리이비라
농부 노인과 노파
세 청년
라아이쿠
젤레즈나야 샵카와 코스탸노이 포야스
행복한 날, 불행한 날
노인과 노파
천상에서 온 약혼자
다른 세계의 사람
마마 귀신

## 셀쿠프인 이야기

이테
개와 털가죽
인간이 생기게 된 유래
이차와 귀신
이차
켄가의 용사
마녀와 두 딸
바보 이반과 곱사등이 말 코넥 고르부노크
두 자매
몸통 없는 머리
태양의 왕
일곱 아이 이야기
푸치카 추리카
불의 주인
티시야
켄게르셀랴
바다 곶 노인의 아들들
찬케르
세 자매
들꿩과 쥐
눈 소녀
이반 왕자
영리한 소년
개구리

## 시베리아 타타르인 이야기

황금 새
의붓딸
지주와 일꾼
세 마리 비둘기
돈보다 값진 지식
질랸
귀머거리, 장님, 앉은뱅이
아버지의 세 가지 충고
세 자매
요술 반지
재봉사, 곰, 장난꾸러기
처녀와 물의 요정
주흐라 별
영리한 청년
귀신과 그의 딸에 관한 이야기
이르티시와 술레이만
아흐메트와 칸
카미르 바티르
얄 마미시
카라밈 바티르

여우와 늑대
탄 바티르

### 토팔라르인 이야기

달에 얽힌 이야기
일곱 처녀
세 마리 사슴
달사람
세 명의 용사
월식이 일어나는 이유
인간이 만들어진 유래
곰의 콩팥이 여러 짐승에게서 온 이유
사슴과 사향고양이
곰과 다람쥐
곰이 벌을 받게 된 이유
귀신의 관목 숲
세 형제
물의 주인
부모 없는 청년과 귀신들
콘조크 가문이 나타나게 된 이야기
용감한 사냥꾼과 독수리
여우 바위
타이멘 강에 얽힌 전설
곰의 호수
닭과 꿩
땅벌이 벙어리가 된 이야기
주걱뼈
회색 뼈
두 형제
날개 달린 소년
황금 가슴을 지닌 아기들
영리한 처녀
사악한 마법사
젖소 코를 가진 청년
인간의 아들과 개구리 딸
불멸의 인간들
부르한에 관한 전설
돌 목걸이
테르 오키시(꽃의 골짜기)
사람과 뱀
메르겐과 두 마리 뱀
아이굴
낙타와 토끼
꿩과 모기와 사슴
닭과 들꿩의 눈이 빨간 이유
개미와 나리새
구원의 불
소년과 이무기
사냥꾼이 귀신을 벌준 이야기
돌이 된 샤먼

### 케트인 이야기

곰 이야기
예틀의 며느리
발나
실레케
여우
우세시
반그셀
올기트
알바와 호샤담
강 상류에서 온 카이구시
단두큰 이야기
타닌가
쿄글 할머니
울게트
뉴냠
샤신쿠시 이야기
이다트 노인의 딸
카시케트와 예로호트 할아버지 이야기
빌게트

### 예네츠인 이야기

세 샤먼
일곱 아가씨
타이멘
노인
노파의 아들
별의 신화
디아
바루치의 모험
시오시쿠
두 형제
솔데이 카하

### 느가나산인 이야기

천지창조 신화
아밤 느가나산인이 등장하게 된 이유
갈매기
느가나산인 '3사젠 손'과 그의 아들
곰과 노인
모레데와 머리 없는 사람들
죽음의 호수
곰의 아들
오옐로코와 세 명의 러시아 상인
오옐로코와 암늑대 샤먼
노고레사의 아들
두 명의 사냥꾼과 샤먼
라쿠나의 아들들
여자 식인괴물 시게 이야기
겁쟁이 순록
태양의 딸
왜 늑대들은 더 이상 허풍을 떨지 않을까
누구의 뿔이 더 클까

### 네네츠인 이야기

새 총각
왜 부엉이는 햇빛을 보지 못하는가?
여우, 새 그리고 까마귀
곰이 꼬리를 잃게 된 사연
하류치
아기 순록과 생쥐
세 아들

월귤나무 열매
모캐 남편과 부인 마리야 공주
러시아 노인의 세 아들
한 꼬마 이야기
힘센 독수리가 네네츠인들에게 해를 돌려준 이야기
야브 말의 모험
야브 말이 거인을 이긴 이야기

## 에스키모인 이야기

대구와 고래의 논쟁
명예를 갈망하는 까마귀
작은 주민들
까마귀와 늑대
멧새 세 마리
까마귀와 부엉이
까마귀와 청설모
까마귀와 갈매기
물고기, 여우, 까마귀
까마귀 코시클리
까마귀와 여우
새끼 황소와 새끼 여우
교활한 여우
거짓말쟁이 여우
새끼 황소와 늑대
가마우지
큰사슴 아카나
쥐
해를 얻다
작은 딱정벌레 나그네
까마귀와 처녀
사람, 게, 까마귀
두 형제와 까마귀
까마귀가 결혼한 이야기
에멤쿠트
꾀돌이 쿠킬린
사람과 독수리
사냥꾼과 독수리
독수리 집의 소년
사람들은 전에 어떻게 살았는가
카나크와 독수리들
사냥꾼과 백곰
사슴 사육자와 늑대 가족
새끼 늑대
늑대와 물새
노인과 야생 사슴
노파가 동물들을 속인 이야기
다섯 아들
암곰이 훔친 아이
현명한 사슴 두 마리
사슴으로 변한 여자
잔나비와 티나기르긴
키크미라시크
누나그미트의 고래
우카마난
신기한 소고
심술궂은 노인과 쥐
까마귀 은피나
물범 나라에 놀러 갔던 사람
오형제 중 막둥이
바다의 주인
아메크
아이마나나운
바다에서 길을 잃은 사람
날아다니는 샤먼들
막둥이
불의 주인과 소년
다섯 형제와 여자
카약식비크
버림받은 청년
이수클리크
아하하나브라크
고아
두 아내를 가진 사람
우키바크의 질투쟁이와 그 아내
두 번째 아내
사라진 형제들
투명 인간

## 아이누인 이야기

쥐
세 남자
가자미와 망둥이
눈 남자
치시포
처녀와 악마
산노이페 여자
세 자매
세 남자 1
두 남자
'예쁜 얼굴'이라는 이름의 처녀
곰 축제
다섯 명의 아이누인
부엉이의 결혼
바다사자
달 사람
젊은 까마귀
물범의 섬
흑담비 사냥에서
서로가 닮은 사람들
어느 마을에서
화가 나서 싸웠다
두 자루의 칼

## 닙흐인 이야기

돌집
은혜 갚은 호랑이
우뭄즈 닙흐
세 형제
식인에게 잡혀갔던 아가씨
저승에 갔다 온 남자
백조 소녀
바다신의 손녀와 결혼한 청년
일곱 자매
용감한 무사와 네 여인
대머리 소년
악마를 이긴 청년
남매
용감한 아즈문

## 축치인 이야기



## 코랴크인 이야기



## 케레크인 이야기



## 우데게이인 이야기



## 나나이인 이야기

## 오로크인 이야기



## 알류토르인 이야기



## 오로치인 이야기



## 이텔멘인 이야기



## 네기달인 이야기

입찬
까마귀와 매
거북이
늑대로 변한 다섯 여자
인간 창조에 관한 이야기
세 태양
달과 소녀
곰을 낳은 여자
세한에서 있었던 이야기
호랑이와 남자
청년과 골뱅이 아내
탑칼 씨족과 힘구
힘구의 거처
날아가 버린 아이
고아와 개
지하세계 이야기
소그됴콘
개구리와 쥐
푸딘과 개구리
날다람쥐
친데케와 여우
네야브칸과 여우

## 예벤인 이야기

새와 쥐가 싸운 이야기
욕심 많은 멧닭
떠버리 메추리
바다표범
여우와 늑대
여우와 곰
교활한 담비
담비
여우 이야기
움체긴과 부윤댜
두 자매 이야기
촐레레
첸게 이야기
오모촌
곰
움체니와 우인댜
오로치인과 코랴크인의 옛 생활에 관한 이야기
여자 샘
데브리켄 코브리칸
쿠를레니
게으른 소년과 새
달에 반점이 생긴 이유
고아 소녀 이야기
틸켄과 돌단 형제
우메스네와 안차크
현명한 노인
멘레크
한 마리 개
은둔자
고아소녀
잠자는 사람들
귀신 사위
노인의 세 아들
이웃 남자
두 형제 이야기
아내들을 빼앗은 남자
부자와 가난한 사람
욕심 많은 노파
오인데와 하바이
땅이 만들어진 유래
모기와 구더기가 생긴 유래
키로로트 2051

## 울치인 이야기

켐테르게 용사
용사와 사악한 정령
가난한 노인과 부자 노인
처녀와 거인들
두 처녀
바투리
개구리와 쥐
개구리 아이
청년과 호랑이
소년과 사악한 여우 정령
거지가 왕이 된 이야기
발듀 성씨에 관한 이야기
첸투세
호심부 할아버지

## 부랴트인 이야기

갈단과 바이르 형제
꾀 많은 부담슈
두 자루
몰론토이 영감
슈렐데헨 아가씨
행운과 불행
구르발다이의 세 현자
후르 연주자
구지르칸
청년 티스헤 비스헤
가난뱅이 도르지
무 몬토
가자르 포올린, 제에델레이의 아들
물귀신 할멈
꾀 많은 청년이 칸이 된 이야기
바보천치
현명한 아내
메르겐 조릭토
장사와 꾀돌이
가난뱅이와 악마
일흔 개의 거짓말
현명한 며느리
부담슈
청년 슈트니크
내가 바로 후르마스타(성인)이다
꾀돌이 발단
붉은 손바닥
어리석은 부자
겨울과 여름
개가 친구 같은 주인을 찾은 이야기
머저리 늑대
뽐내기 잘하는 강아지
눈과 토끼

## 만시인 이야기



## 한티인 이야기



## 투바인 이야기



## 하카스인 이야기

## 뱁시인 이야기



## 칼미크인 이야기



## 알타이인 이야기

짐승 마아니의 아이들
오래된 옛날이야기

### 텔렌기트인 이야기

비야 강과 카툰 강
카투 야리크(무서운 장소)
알미스-암염소
알미스에게서 태어난 아기
아부움 포오옴(아버지 어머니)
낙타 이름으로 불리는 골짜기
푸른 황소
사냥꾼과 알미스
곰
소를 훔친 도둑과 호랑이

### 첼칸인 이야기

황금 도끼
고아
키셀레크와 파를라나크
탁 툭 지팡이
토끼와 담비
바보 청년
텔베엔이 하늘로 올라간 이야기
황금 등자
날다람쥐
콜로복
세 아들
황금 수탉
고아 청년과 다람쥐
고양이
할아버지와 부자
자작나무 그릇

### 쿠만딘인 이야기

사냥꾼의 전설 1
사냥꾼의 전설 2
사냥꾼의 전설 3
사냥꾼의 전설 4
오온 강과 쿠그 강
개와 고양이
킬리슈 칸
델베겐
툰구스
할아버지와 고양이
엄마와 딸
델베겐과 마시파라크
부자가 된 쿠지마
자신을 모르는 너구리
바보 이반
마시파라크
카라 몬기스
아이 코크 처녀
뱀과 노인
세 아들
세 형제

### 투발라르인 이야기

알틴 콜과 알틴 투우(황금 호수와 황금 산)
카라티 칸
노인과 노파
반카와 그리시카
세 형제
오스큐스 오올로크
아크 표스 쿠우르친
오스큐스 우울
꾀 많은 여우
농부 파시파라크

### 나가이바크인 이야기

고양이가 식사 후 몸을 닦게 된 사연
아즈라킬의 장난
어느 집시 여인의 예언

### 바시키르인 이야기

에렌세 세센 이야기
투라칸, 야네바칸 그리고 에렌세 세센
하탐타이

### 쇼르인 이야기

안치 아비시카와 카라 몰라트
지주와 사냥꾼
사랑이 깊은 쿠
마법 모자
탐욕스런 농부
학과 까마귀
젊은 사냥꾼과 표범
프카
철의 산 테미르 타우
차기스

### 코미인 이야기

야즈바 강 이야기
수지야 강 신화
이오마와 두 명의 아가씨
무사 페랴
다리가 여덟인 개
페라는 어디로 갔을까?
루피예 강에 사는 페라와 미자
페라와 자란
사냥꾼 예파를
가르친 여우

### 텔레우트인 이야기

알타이 쿠우추니 이야기
케르 사갈 가의 형제

# 케트인 이야기

작자 미상
옮긴이 홍정현
펴낸이 박영률

초판 1쇄 펴낸날 2017년 2월 25일

지식을만드는지식
03991 서울시 마포구 월드컵북로 46 청원빌딩 3층
전화 (02) 7474 001, 팩스 (02) 736 5047
출판등록 2007년 8월 17일 제313-2007-000166호
전자우편 zmanz@eeel.net 홈페이지 www.zmanz.kr

ZMANZ
3F. Chungwon Bldg., 46, World Cup buk-ro,
Mapo-gu, Seoul 03991, Korea
phone 82 2 7474 001, fax 82 2 736 5047
e-mail zmanz@eeel.net homepage www.zmanz.kr



ISBN 979-11-304-7446-5
979-11-304-7447-2(큰글씨책)
979-11-304-7448-9(PDF전자책)
책값은 뒤표지에 있습니다.